中国当代美学家文论家评传

王岳川　主编

实践是审美与艺术形态的结合中介
（资料与构想）

▲ 审美与社会实践的两个方面：

一是"作家们并且善于把他的感情传达于别人，他不满足于独自的欣赏而要求与社会生活和他人共同感受"。这样，审美也就成了"对各个人发展他的个性的要求的满足的手段。"（见王元骧《何谓审美》一文） 二是社会性又总是通过其审美实践，影响审美，灌注审美，使审美带上艺术形态性。

● 艺术形态的核心，是一个价值观问题，或价值取向问题。

● 审美只属于个人判断（个人体验），但又可以走向"社会认同"。所以，在一切美的文学艺术中，它所体现的作家对现实的批判以及对美好人生的赞美，虽然以作家个人的感觉体验、想象和梦想的形式出现，但又总是反映着他的时代和广大人民群众们的理想愿望。（王元骧《论研究》文章）

中国当代美学家文论家评传

王岳川 主编

童庆炳评传

吴子林◎著

黄山书社

图书在版编目(CIP)数据

童庆炳评传/吴子林著.—合肥:黄山书社,2016.8
(中国当代美学家文论家评传)
ISBN 978-7-5461-5393-3

Ⅰ.①童… Ⅱ.①吴… Ⅲ.①童庆炳(1936—2015)
—评传 Ⅳ.①K825.6

中国版本图书馆 CIP 数据核字(2015)第 308247 号

童 庆 炳 评 传
TONGQINGBINGPINGZHUAN
吴子林 著

策　　划　汤吟菲　朱莉莉
责任编辑　马德权
装帧设计　未　氓
出版发行　时代出版传媒股份有限公司(http://www.press-mart.com)
　　　　　黄山书社(http://www.hspress.cn)
地址邮编　安徽省合肥市蜀山区翡翠路1118号出版传媒广场7层 230071
印　　刷　安徽国文彩印有限公司
版　　次　2016年8月第1版
印　　次　2016年8月第1次印刷
开　　本　700mm×1000mm　1/16
字　　数　190千
印　　张　15
书　　号　ISBN 978-7-5461-5393-3
定　　价　48.00元

服务热线　0551-63533706
销售热线　0551-63533761
官方直营书店(http://hsssbook.taobao.com)

总 序

近百年来，中国美学文论学在西方现代性与后现代性的不断扩张中，艰难地生产着自己的文化和美学新思维，在欧风美雨中不断吐纳吸收的同时变更着自己的美学文艺学立场。然而，当美学和文论边界不断扩大化的时候，中国美学文论身份却出现了辨识上的危机。中国美学家文论家的集团没有形成，甚至可以说在长达一个世纪之内，学者们在一个一个地细读、消化、评论西方美学家文论家，却没有看到中国美学文论界整体性地对中国百年来的美学家文论家加以整体研究的著作。

尤为严重的是，中国美学界文论界在对整个西方美学界文论界加以研究的时候，已经从宏观研究进入到微观研究层面，对西方古典美学家文论家、西方近现代美学家文论家、西方后现代美学家文论家的研究著作已多不胜数，而整个西方对中国美学家文论家的了解和研究却几乎是空白。这种文化美学上的不对等性，导致中西美学界文论界产生了巨额的“文化赤字”。这种“文化赤字”可能引发的“文化战争”危险,迄今仍然没有引起学术界的高度重视。

一、中国美学家文论家需在国际话语中重建身份

作为大国崛起的中国,其当代美学文论的前沿话语是同整个世界前沿话语相连的。中国面对世界,世界不可能背对中国。东方大国的美学文艺学在失去自我身份后亟需重新反省并获得自我身份:在经历了一个世纪的西化浪潮之后重新检讨中国美学的精神价值取向,从全盘西化的美学文论研究的盲视中走出来,重新以“走近经典”的文化高度和精神厚度,审视中西文化深层对话时代中的中国美学文论身份;从西方美学文论的中国化到中国美学文论经验的世界化的转型中,关注文化创新与文学理论创新的同步性,进而守正创新——“走近经典”并“创新经典”。

不同的价值立场使得在全球范围内出现了文化宗教层面的反全球化的多元文化主义潮流。多元文化伴随着人类历史而发展:中国文化传统、希腊

文化传统、希伯来文化传统、阿拉伯伊斯兰文化传统、非洲文化传统等多种文化不断消长，此起彼伏地影响着人类社会的进程。整体性现代社会正在发生大分裂，世界正在走向新的多元化、多样化。

当代西方文论的全球扩张，深层原因是西方现代性与后现代性的全球播撒。现代性使当代西方艺术具有了文化霸权的话语平台。现代性与科技发明和殖民主义相关，短短200年就使得西方成为世界霸主。但反过来，现代性也让西方和世界深受其害。因为在现代性发展和大国崛起的几百年历史中，世界告别了“王道”而成就了“霸道”，最终导致两次世界大战并走近第三次世界大战的边缘。于是审美现代性、后现代性开始放弃价值升华的追求，现代艺术家开始感受世界堕落般的“恶心”。艺术家堕入了虚无主义、悲观主义和文化失败主义的泥潭，对人类后殖民未来充满了悲观意绪。

西方乘着全球化的翅膀开始了文化霸权的飞翔。霸权是一种在文化领域中争夺“领导权”或“控制权”的话语，将历史上属于某个阶级的意识形态扩张化，使之成为人类对西方话语权力的普遍认同。于是，话语权力不是作为强权而是作为权威而得到行施，人们的精神文化生活在不知不觉中被政治化。人类在价值崩溃中彻底地世俗化，人类精神生态失衡已经习焉不察地成为意识形态符码。

当然，在一个相互交织并消解冷战思维模式的共存时代，如果没有西方“他者”的“镜像”，我们就无法清晰地审视中国文化的“自我”。通过文化镜像深度的自我审视，将有助于把东西方文化的对抗转化为不同文化体制的创造性互动，从而使本土性真正与全球性获得整合，使中国文论创新在不断明晰丰富和深度拓展中，推进“中国形象”的立场定位。

二、从西方文论中国化到中国文论经验的世界化

全球化格局下的文学理论以建构多元多样性诗学为己任，这种多元文化观将使“汉语学界”突破西方文论的单一知识框架，重新审视东方文学传统中的文化理念和文学观念，关注中国文学在新的世界格局中的现代性诗学特征，并通过对差异性文化精神的体认，获得更为宽松多元的文化差异性结论。

事实上，在文化美学领域中国际惯例不是西方惯例，游戏规则不应该由西方单边建立；国际惯例是世界共同创造的，游戏规则是东西方共同建立的。中国美学文论应该参与到建立游戏规则的过程中去，而不能“他者”建立了规则，东方大国仅仅去遵守。只有这样，当代理论家才能不在传统和现代之间徘徊犹豫，才能不用再按照西方模式亦步亦趋，而是摆脱了模仿西方的兴趣，打破西方艺术的惯例，开始以自己的方式在精神生态中寻找中国式的文论光辉和美学神采。

当代中国美学文论流派原创、范畴创新、体系“守正创新”应该提到议事日程上来了。在中国现代性经验没有进入国际大循环，没有成为人类经验的一部分，没有引起世界充分关注的时候，中国文论“守正创新”势在必行。

三、在“守正创新”中整体展示中国美学文论大家

在全球化后现代语境中，新世纪中国文论应在当代文论流派众多的话语角逐中，超越西化跟潮的流派横向移植，超越“五四情结”的现代性诉求，

在全球化文化互动中从事中国美学播撒和新理论输出,形成中西双向的"理论旅行"。一种对等互动的"旅行",使本土文化艺术和理论反思能够真实地发生和生成在这片厚土之中,完成从一个世纪的拿来主义之后的"文化输出"。在美学文论创作方式、本体结构、接受方式、传播机制、价值功能等方面都产生转变的时代,真正的美学文论前沿践行者,当通过自己的笔歌墨唱,为21世纪中国美学文论的自我创新和输出提供坚实的文化观念和价值重建地基。

走近经典为了继承,创意经典为了图新,美学图新为了精神原创,这表达了我对中国美学文论界整体高于并超越前人的美学观念、美学形态、文论方法、文论传播的某种文化期待。"守正创新"是生命精神喷发状态,而"原创力"是文化软实力,可以表征美学文论新的大国形象。

当代美学家文论家努力的方向是文论原创性,只有真正走近经典的美学家文论家才有可能成为时代美学文论大家,也只有不断创出新经典的原创型美学家文论家才有可能成为时代美学文论大家。可以说,在当代西方美学文论研究了30年以后,应推出一大批不断创新的中国美学文论精英。只有中国美学文论大家的国际影响力提升了,才可能从发现东方文化的精髓到推出一个新的理念——中国文论的文化输出!美学文论国际互动是新世纪中国文论的文化战略,这意味着,新世纪美学文论不仅是中国的,也应该"走出去"而成为世界的!表明从本土主义文化出发应该提出世界主义的美学文论观。

最后需要说明的是,在高水平开创性学术丛书出版困难的时期,黄山书社决定推出这套《中国当代美学家文论家评传》,令人感佩。首批推出朱光潜、宗白华、杨晦、季羡林、王元化、蒋孔阳、李泽厚、钱中文、胡经之、童庆炳等十位中国当代美学家文论家的评传。评传在“评”的方面突出对所评专家学术成果的评介,在“传”的方面则尽可能地钩沉出所评专家一些鲜为人知的人生趣事,使其呈现出浓郁的生活气息。通过丛书的出版,力求打破多年来在中西方文化交流中,中国对国外思想家了解较多,而国外对中国当代思想家却知之甚少的局面,为中国当代“文化输出”做一些推动性工作。

这套丛书的出版,不仅可以使相关领域的研究者能对这些经历了20世纪欧风美雨的中国美学家文论家的精神世界有更深入的了解,也能让更多的读者领略和认识这些跨世纪美学大家的审美风采,从而推动新世纪中国当代美学文艺学研究的国际化。

是为序。

王岳川

2015年1月8日于北京大学

目　录

自　序

时间过得真快，不经意间一回首，便早已过了“不惑”之年，自己视若生命的学问却长进不多，难免惶惶然起来。于是，稍稍放缓匆匆的步履，看看脚下的足迹，想想不远的未来。

近日品读史学大师钱穆先生的《学籥》，他在该书中说：

> 梁任公尝云：“初学勤发表，可助读书。”今人都信此说，乃竞务于找题目，以为有了题目即可写文章。实则在读书方面的工夫是荒了。因此在学问上没有入门，而遽求发表，而且多多益善。直到今天，能发表文章的是不少了，但是真能传授后进的则实在太少了。人人无实学可授，如此下演，支离破碎，竞创新见，而并无真学问可见。因此人人都爱讲新思想。但新思想也应有一传统，应须于从前旧思想中有入路，始于其所要创辟之新思想有出路。即在思想家，亦岂能只出不入。今天大家都不求入门，尽

> 在门外大踏步乱跑，穷气竭力，也没有一归宿处，此病实不小。……经学、史学、文学，今天都不讲求，却高谈中国文化。这样则纵有高论，也难有笃论。纵有创见，也难有真见。[①]

联想到今日风行学界的“学位体”“课题体”或“项目体”，对钱穆先生的这般锥心之论惊佩不已！十余年来，身处编辑岗位，自己审阅、编辑了多少这样“千人一面”的文章啊，而自己不也曾以发表了类似的文章而“沾沾自喜”吗？于是，汗颜不已几至汗不敢出！

“学位体”特别是“课题体”或“项目体”之著者一味贪多求快，诚如钱氏所言，病在“不学”，“未曾入，急求出”，“只求表现，不肯先认真进入学问之门”，故来自客观者少，而出于主观者多；由于“束书不观，游谈无根”，它们“甚而至于凿空为有，无事生非，鼓怒浪于平流，震惊飚于静树。览其大著，构篇虽颇宏阔，发思不乏杼柚，但论述总显得浮泛、空疏，缺乏稳固的支撑”[②]。因此，这些自以为“学问”者，“并无真学问可见”，“纵有高论，也难有笃论。纵有创见，也难有真见！”钱穆先生说得真好：“学问非以争奇而炫博，非以斗胜而沽名。求以明道，求以济世，博古通今，明体达用，此真学问从入

①钱穆：《学问之入与出》，见《学龠》，九州出版社2010年版，第163—164页。
②李壮鹰：《回归原典：中国古代文论研究的学理意识》，载《思想战线》2009年第6期。

之大道。”[1]学问之道若不改弦更张，仍在为“稻粱”而谋，仍在为“学位”或“项目”而“打工”，尽炮制些思想贫乏、气味枯索、因注水而浮肿的论著，其前景必是黯淡无疑的。

那么，对于包括自己在内的学人而言，我们的“出路”何在呢？我们不妨听听钱穆先生的忠告。他在1963年3月8日新亚研究所第37次学术演讲讨论会上说：“我只希诸位能先多注意读书，且慢注意发表。能先注意求入，且慢注意能出。”[2]半个世纪都过去了，此言犹萦绕于耳，实在令人唏嘘不已。

钱穆先生指出：

> 若真求学问，则必遵轨道，重师法，求系统，务专门，而后始可谓之真学问。有真学问，始有真知识。有真知识，始得有真思想与真理论。而从事学问，必下真工夫。沉潜之久，乃不期而上达于不自知。此不可刻日而求，躁心以赴。[3]

在钱穆先生看来，自古迄今，学问能成一家言者，主要在其学问之广博互通：

> 凡做学问，则必然当能通到身世，尤贵能再从身世又通到学问。古人谓之“身世”，今人谓之“时代”。凡成一家言者，其学问无不备具时代性，无不能将其身世融入学问中。[4]

学问当通时代，切身世，否则只是识字读书，如蚕吃桑叶，却不吐丝。钱

---

①钱穆：《学术与心术》，见《学箭》，九州出版社2010年版，第148页。
②钱穆：《学问之入与出》，见《学箭》，九州出版社2010年版，第166页。
③钱穆：《学术与心术》，见《学箭》，九州出版社2010年版，第145页。
④钱穆：《学问之入与出》，见《学箭》，九州出版社2010年版，第159页。

穆先生指出，进入学问步骤有四：第一步是专门之学（读一书，治一人、一家、一派），第二步是博通（从此专门入，又转入别一专门），第三步仍为专门，第四步是成家而化（既专门又博通，将其所学皆在他一家中化了）。简言之，先“由专而博”，进而“由博返约”，所谓“约”即指其归属于他自己的，亦如《中庸》之所谓“致曲”；“致曲”之后，则又须“能化”，自成其为一家之言①。钱穆先生云：

今天我们做学问，应懂得从多门入。入了一门，又再出来，改入另一门。经、史、子、集，皆应涉猎。古今中外，皆应探求。待其积久有大学问之后，然后再找小题目，作专家式的发挥。此乃为学问上一条必成之途。②

为此，钱穆先生还提示了学问的“入门”之径：

从来大学问家，莫不遍历千门万户，各处求入，才能会通大体，至是自己乃能有新表现。即如古人《文集》，好像最空虚，其实包括经、史、子、集各方面学问，而融化了始能成一大家集。故读大家文集，实应为学问求入门一省力之方法。③

善做学问者，应能“推寻”而后“会通”，如程子所谓“自能寻向上去”；“推十”而能“合一”，然后“吾道一以贯之”，而成为一“士”，如此亦即孔子所谓“下学而上达”，亦即朱子所谓“一旦豁然开朗，而求至乎其极”。“推寻”再“推寻”，“会通”再“会通”，益进而深求之，或可自成一崭新的思想体系，

---

①钱穆：《学问之入与出》，见《学龠》，九州出版社2010年版，第157—158页。
②钱穆：《学问之入与出》，见《学龠》，九州出版社2010年版，第165页。
③钱穆：《学问之入与出》，见《学龠》，九州出版社2010年版，第165页。

拥有一种高瞻远瞩、总揽并包之识度与气魄，而具备引领思想之力量。环顾今日学界，能践履上述学问“四部曲”，治学而不致支离破碎，出才情、出见地、出思想、出断制者，又有几人呢？童庆炳先生算得上其中一位。

童庆炳先生是我的授业恩师，也是我的人生导师。在中国当代文艺学研究史上，童庆炳是国内文艺思想自成体系、屈指可数的学术大家之一。数十年来，童庆炳在审美诗学、心理诗学、文体诗学、比较诗学、文化诗学、中国文学理论教材建设以及中国语文教育改革等诸多领域里，纵横捭阖，著述等身，卓然成一学派，并以其深邃的学术思想始终引领着新时期以来中国文学理论的发展。先生还是著名的教育家，精心培养了数以百计的硕士生，其中包括著名的当代作家莫言、余华、刘震云、毕淑敏、迟子建、严歌苓等。迄今为止，童庆炳培养出了文学博士 80 余人——其中大多数已成了高校或科研机构的学术骨干与学科带头人，深刻影响中国当代文艺学的发展进程，有着“童家军”之美誉……面对这些丰硕“果实”，童庆炳心若止水，他喜欢不倦地劳作，特别欣赏王维的诗句：“行到水穷处，坐看云起时。”他的人生格言是：“无待乎外，有待乎内。”在先生看来，自然而然，随遇而安，又总能不断发现美的境界，不失为人生的极境……

——童庆炳所抵达的，是无数学人梦寐以求的“极地之境”。

纵观中国古今学术史，那些抵达“极地之境”的学问家，仿佛耸立在我们眼前的喜马拉雅一般，在让我们景仰的同时，也期待着我们“翻越”或“超越”。难道不是这样吗？

当代诗人安琪有一首名诗《风过喜马拉雅》：

> 想象一下，风过喜马拉雅，多高的风？/多强的风？想象一下翻不过喜马拉雅的风/它的沮丧，或自得/它不奢求它所不能/它就在喜马拉雅中部，或山脚下，游荡/一朵一朵嗅着未被冰雪覆盖的小花
>
> 居然有这种风不思上进，说它累了/说它有众多的兄弟都翻不过喜

马拉雅/至于那些翻过的风/它们最后,还是要掉到山脚下

它们将被最高处的冰雪冻死一部分/磕伤一部分/当它们掉到山脚下,它们疲惫,憔悴/一点也不像山脚下的风光鲜/亮堂

我遇到那么多的风,它们说,瞧瞧这个笨人/做梦都想翻过喜马拉雅。

作为中国文艺学界的一座“高峰”,童庆炳的学问之道是极好的典范,当能沾溉年轻一代的好学深思之士。学者一生的标志就是他的著作,而学者生活中那些激动人心的事件就是他的思想……学术研究是一个薪火相传的过程,研究童庆炳不仅可以向世人展示中国学人独特的文学思想,在某种意义上,还可昭示中国未来文学研究的路向。以是之故,当我写完《童庆炳评传》,就自然想起了安琪的《风过喜马拉雅》:这大概是因为自己想做一个“笨人”,“做梦都想翻过喜马拉雅”吧。

十六年前,先生不拘一格地录取了我,拯救了困厄中的我,生命由此整个儿翻转!英国诗人奥顿说过:“人是唯一意识到事物发展无限的生物。”置身于社会变革最为疾速、价值体系最为混杂、精神思想最为多元的时代,最难得的是“安魂”二字。正是先生的指引,让我择取了文学这项健康的事业,借助内心的道路或路线,揭示日常生活表象之下的东西,探索隐匿其中的终极情致,生命得以自由舒卷、绵延,此乐何极!

两个月前,先生溘然离去。那一瞬间,我突然感觉世界仿佛坍塌了一般。在未来的日子里,我只能凭借个人顽强的意志,奋然而前行!此时此刻,唯有以此拙著纪念先生;此时此刻,想起先生指导本书写作时的诸多勉励,不禁心潮澎湃,哽咽无语……

2015 年 8 月 14 日

第一章　农民之子

世界上只有一种人文精神，
那就是了解生命
而且热爱生命的人。

——[法]罗曼·罗兰

一、那山那水那人

1936 年 12 月 27 日，童庆炳出生在福建省连城县莒溪镇莒市村一个清贫的农家。

连城位于福建西部的大山深处，是客家人的聚居地和发祥地之一，这里的客家人传承了“耕读为本，崇文重教”的客家先祖遗训。对于童氏家族的历史，幼年时的童庆炳只有非常朦胧的记忆，那就是头上戴的斗笠每每写着“雁门童氏”。稍大之后读了家谱，他才知道自己三十四代以前的祖先，为避南宋的战祸，从山西雁门迁移过来；为了不忘“客家”老本，父亲总是在每天都要戴的斗笠写上“雁门童氏”四个字。

连城离江西瑞金不远，曾经是中央苏区。作为汀江和九龙江的源头，连城崇山峻岭，茂林修竹，清流急湍，雨水丰沛。这里，山清水秀，空气清新，虽是山区，却也是一个宜居的地方。莒溪镇位于连城县东南部，是大山深处一个偏僻、贫穷、落后的山村。离这个村子不远，便是深山老林，更远处就是有

>>2011 年与吴子林摄于连城莒溪祠堂，身后是当年出生的小屋

名的原始森林“梅花十八洞”。这个小山村坐落在一个盆地里，无论走到村子的哪个角落，只要抬头，一眼望去不再有别的，四周全都是山，高高低低的山，远远近近的山，深深浅浅的山，最高最险的山，满眼碧绿碧绿的山……

童庆炳的祖宅大门朝北，不远处有一条小溪，它自东向西蜿蜒而去，永不疲倦地哼着歌。小溪的对岸是塅田，如同画家的调色板，永远铺满各种不同的颜色：春天里一片青绿，像一块绿色的大地毯，伸向远方；夏天稻子熟了，金黄金黄的；秋天是杂色的，因为田里什么都有；冬天则紫黄相间，那紫色的是蜿豆花，黄色的是油菜花。这仅有的塅田是山民的希望，身上衣、腹中食都来自于它。这塅田一直延伸到坟山的脚下，从这座坟山开始，山外有山，山外的山外还有山……对于生于斯、长于斯的童庆炳来说，这无边无际的“远山”有着一种独特的神秘与美。在他幼小的心灵里，时刻充满了无尽的遐想——

极目远望，我的视野可以到达那淡到与天连为一体的最远最高的山之巅。在晴朗的时候，在夕阳的映照下，我似乎还可以看到那远山之巅的几棵树。它不断地变化着，越来越淡，终于淡到与远方的天色融为一体，最后又与夜色融为一体。有时候，远山着火了。在夜色的衬托下，那火像一条红色的龙在腾越着，十分的壮观。这时候，我总是惊慌地大叫起来，希望引起大人们的注意。可他们只是随便地瞥一眼，连一句评论的话也没有……唯有我久久地久久地凝望着那远山，想象着那山上的一切，在我幼小的心灵里，那就是天的尽头，那就是世界的分界点，那就是通往大平原、大草原、大海洋、大城市的关口，要是我们不能越过这神秘的远山，我们这些被它包围着的山民，怎能到另外的诱人的世界去呢?[①]

正是怀着这种对山外世界的好奇心、探索欲,童庆炳向往着读书,向往着山外边的世界。"功夫不负有心人",终于有一天,他走出了这大山的世界,来到了北京,而且一住就是六十年,成了著名的中国文艺理论家、美学家和教育家。童庆炳到过世界好几个国家,然而,故乡的"远山"始终驻留在他的心间,保留着令人神往的永久的神秘与美,从未消失。

在童庆炳的长篇小说《淡紫色的霞光》里,主人公从益州教授"老爱回忆过去,眼前不是家乡门口那条小溪在流淌,就是家背后山上的竹林在晃动……"这里,从益州教授俨然是童庆炳的化身。即便是在自己的理论著作《文学活动的美学阐释》[②]里,童庆炳仍念念不忘自己的故乡:

> 远离故乡的游子,不论他在事业上搞得如何轰轰烈烈,都会经常有一种乡愁冲动。每当夜深人静之际,白天恼人的事还未从脑际退出,一股乡愁就会悄悄地爬上心头。故乡的小河从眼前潺潺地流淌而过;土路上缓缓而行的牛车似乎在对他依呀依呀地唱着美妙的歌;暮色中袅袅的炊烟,似乎在频频向他招手;而老母亲慈祥的脸上像渔网一般的皱纹则催下了他的泪水……[③]

——其中的殷殷乡情溢于言表,令人为之动容。

童庆炳的少年时代贫穷而又充满温情。那时家里唯一的财富就是祖母

---

①童庆炳:《远山》,见《苦日子 甜日子——童庆炳美学随笔》,上海人民出版社2000年版,第2页。
②此书后被教育部定为研究生教学用书,更名为《文学活动的审美维度》。
③童庆炳著:《文学活动的审美维度》,高等教育出版社2001年版,第259页。

和母亲相濡以沫的亲情。童庆炳的父亲身为农民，却并不安心务农。他读过两年私塾，识字，写得一笔好字，还会用毛笔画竹子、蝴蝶——尽管就那几种“范式”，倒也栩栩如生。因此，不少亲朋好友都来求他的字画。可能有了这点“优越感”，他觉得种地太没有出息，便尝试着做点小生意，但都以失败告终。作为一家之主的父亲无力也无意料理家务，而童庆炳的弟弟、妹妹都还太小，这样，维持全家生活的重担就完全落在两个女人（祖母和母亲）加“半个男人”（半大不小的童庆炳）身上。

>>1961 年全家福，坐者为父母亲，中立者为童庆炳，左一为夫人曾恬

从童庆炳记事时候起，祖母已经年迈了，又是小脚，下不了田，只能在家里缝缝补补、洗洗刷刷。母亲没有过正式的名字，户口本上的名字叫“沈老妹”——在客家，“老妹”是兄弟姐妹中最后一个妹妹的意思——她虽然不识字，却总能把各种乡间琐闻用抑扬顿挫的语调和生动的叙述变成有趣的笑谈，她还会剪纸，什么“公鸡啼晓”，什么“五谷丰登”，等等，都活灵活现地出自她的那双巧手。在童庆炳的记忆里，母亲在家乡绝对是一个口头“文学家”和“艺术家”。

作为家庭生活的主力，到哪里去弄每天清晨要下锅的五斤米呢？贤良的祖母和母亲婆媳俩商量，想到了两个改变“家庭危机”的办法。莒溪村是方圆几十里的一个大村，每十天有两个“墟日”(北方话“集市日”)，来来往往的人比较多。婆媳俩想的第一招是做米面包子。这可是一个很复杂的活儿。面要和得好，馅儿要调得好，皮要包得好，蒸时柴要烧得好。这全靠祖母的手巧，她捏皮总是最快、最薄，封口处还加上一溜儿整齐的花纹，煞是好看。米面包子蒸好了，祖母和母亲让童庆炳在放学回家后帮忙端到集市上卖。不久，婆媳俩又想了第二招。那就是把一个宽阔的祠堂变成了临时的客店，每逢“墟日”用木板搭几个铺位，招待周边来不及赶回家的客人暂住一宿，收一些住宿费。祖母总是忙个不停，又是挑选木板，又是整理床铺，又是舀洗面水、洗脚水，又是给客人准备可口的饭菜。婆媳俩的辛劳终于有了回报，那就是换来了全家的温饱。

二、“我要读书”

家庭的贫困给童庆炳的印象实在是太深了。在贫穷的家庭环境里，他明白，只有读书，才可能彻底改变自己的命运，也才可能改变家庭的困境，实现自己深藏心底的一个梦想：尽自己的力量，让家里每天都有五斤米下锅！为此，童庆炳非常刻苦地学习。他后来之所以选择读中等师范学校，因为小学教员每月都有27元固定的收入，那时的米一斤八分钱左右，足以让祖母、父亲、母亲、弟弟和妹妹吃上白米饭。

在小学读书时，每次考试童庆炳总是考第一名，捧回了一张又一张奖状，老师和同学都特别喜欢他。1949年夏天，小学毕业后，在乡亲们的开导下，父亲勉强同意儿子到县城应考。那年全县只招收40名初中生，而考生则有400多名。在父亲看来，到县城上学跟考状元差不多，哭闹着要读书的儿子考了也是白考，考不上就别无选择，留家安心务农吧。

当时，童庆炳和小学的同伴是带着自卑的心理去考试的。他想，莒溪小学在偏僻的山沟沟里，学习水平肯定不高，去考试也许只是碰碰运气而已。发榜的日子到了，他和同伴翻山越岭来到县城。在当时县城北门连城一中初中部的马路对面，有一个高高的布告栏，那里如期张贴着红色的录取榜。果然只有40名。童庆炳怯生生地从最后一名开始往前读榜：第40、第39、第38、第37，没有，心往下沉；第36、第35、第34，还是没有，心继续往下沉；他几乎没有勇气往前读……这时候，几个同伴不约而同地叫了起来："童庆炳，哎，在这里，你第三名！"童庆炳半信半疑，连忙往前看，真的，"第三名"下赫然写着"童庆炳"！那一瞬间，心中的幸福感几乎要泛溢出来了……就这样，童庆炳跨进了连城一中的校门。

童庆炳要外出读书了，这对祖母、母亲来说是一个重大的"打击"，因为连支撑家庭的"半个男人"也要跑了。当然，父亲完全没有料到儿子如此出众，竟然考了个全县第三名。亲朋好友一拨一拨前来祝贺，父亲却发了愁：送儿子去学习得花一大笔钱，那就非借债不可；不送儿子去学习吧，又怕伤了儿子的心，也无法对亲朋好友交代！在反复思量之后，父亲给儿子做了一件新衣服,送童庆炳上中学了。当时的条件非常艰苦,在连城一中学习五天半,每到星期六下午,童庆炳和他同村的伙伴便翻山越岭走六十里山路回到家里,为的是拿五斤米和一罐子咸菜——下一星期填饱肚子的东西;星期天帮家里干些体力活,午饭后再赶六十里山路,回到县城中学时天已擦黑。

虽然日子是艰难的,童庆炳却从未觉得苦,因为读书的快乐超越了一切!然而,谁也没有想到,自从支撑家庭的"半个男人"跑了之后,家里缺少劳动力,父母虽然拼命干活,家里还是维持不下去了。迫于生计压力,父亲以交不起学费和家里无人担柴为理由,强令家中老大童庆炳辍学。父亲对他说:"孩子,你不是读书的命,就死了读书这条心吧!"当时,童庆炳的学习成绩一直稳居班里前三名。尽管他苦苦哀求,还是无济于事。

就这样,童庆炳在读完初一后,便辍学回家,走上了漫长、曲折、无尽的柴路——挑柴的路。父母给他的任务是,每天上山挑一担木柴回家。每天清晨,天刚蒙蒙亮,十二三岁的童庆炳就同小伙伴们,拿着柴担子和柴刀,朝着太阳升起的那几条山路走去。

柴路是艰苦的。二十多里的山路弯弯曲曲,一边是陡峭的山坡,一边是深不可测的山谷。回到家时,母亲总是要用一杆大秤来称挑回的柴。父母给他规定的起步数是四十斤,以后每隔几天得多几斤。如果挑回的柴没有达到规定的数,母亲的脸就阴沉下来,把童庆炳骂得呜呜直哭。这时,总是祖母出来为他抱屈:"他才多大,十二三岁的孩子从老远的山上能挑回四十斤柴,就很不容易了,你还要怎样?他本来是个读书的料,硬被你们拽回来挑柴,唉!"幼小的童庆炳是个好强的人,几个月之后,他已能挑到八十斤左右的柴了。

柴路也是愉快的。杜鹃花漫山遍野开放的时候,置身于红花绿叶之间,宛若仙境;果子成熟的季节,红的白的又大又熟,味道鲜美极了;山脚下的小溪，清澈见底，游鱼如织，可以游泳、捉鱼、打水仗，简直是一个极乐世界；最难忘的是，躺在松林里，听那山风习习吹过，松涛声由小到大，有一种催人的力量，使一颗心宁静得像一潭无波的清水……

与柴路为伴，一年辛劳而又快乐的时光很快就过去了。

在这一年里，童庆炳时刻想着回到连城一中学习，他向往读书，向往着山外边的世界。那时心中的县城中学真像卡夫卡笔下的“城堡”，“城堡”就在眼前，可进不去，无论如何也进不去！上学的愿望像烈火一般在他心中熊熊燃烧！这团火焰无法熄灭，他终于向父亲提出了复学的要求。于是，一场旷日持久的“战争”在这贫穷的小家庭里爆发了：他苦苦地哭泣哀求，无用；绝食斗争，还是无用；他便夜晚出走，全家人打着松明火把彻夜寻找……父亲仍毫无妥协之意。

一个清晨，童庆炳终于不顾一切地担着一个行李和几斤米，毅然离家，朝通往县城的山路走去，发誓哪怕是当乞丐也要把学上到底，把书读完！当他独自一人走出约半里地远时，他听到了祖母愈来愈清晰的呼唤，大雾迷蒙中，一个矮小的身影颤巍巍地向自己靠近！刹那间，童庆炳的泪不住地流，决心动摇了：只要祖母张口劝自己，那场自己发起的“战争”也就结束了。

童庆炳站住了，看见六十多岁的祖母那苍苍白发和白雾缠绕在一起。祖母喘着气，拉住他的手，眼光在他的脸上仿佛在搜寻着什么，哆嗦着嘴，许久没有说话；她慢慢地把手伸进褂子口袋，掏出了一个沉甸甸的红布包。她揭开了最外层的红布，又揭开了第二层的黄布，最后揭开了最里层的黄白色的毛边纸，露出四块白晃晃的银元！

祖母抓起童庆炳的手，塞给他那四块带着体温的银元：“这是你的学费。别忘了星期六下午回家来拿米。你去吧，孩子！”童庆炳简直不敢相信自己的耳朵。他知道，这四块银元是祖母的全部积蓄，也许攒了十年八年，是她准备给自己买寿材用的，是祖母自己的送终钱！童庆炳再也无法控制自己的感情，哭着向祖母跪了下去！

大雾渐渐散去了，童庆炳义无反顾地远离了故乡，没有回头；一条凹凸不平的石板路，伸向县城。回到连城一中复学的那天，天空多么高远，阳光多么明媚，通往县城的狭窄山路似乎也变得宽阔起来。

童庆炳终于回到了县城续读初中。校园是美丽的，教室是美丽的，知识是美丽的，老师是美丽的，同学也是美丽的……与小山村不同的人与事，一个“美丽”的“大世界”铺开在一个放牛娃的眼前。他如饥似渴地畅饮着知识，功课在班里名列前茅，几乎所有课程的考试不是第一，就是第二，若得第三对他来说就是“悲惨的失败”。

初中即将毕业，普通高中上不起。万幸的是，邻县的龙岩师范学校恢复招生，童庆炳偷偷去报考，而且顺利考取了。在他初中毕业的时候，父亲正在家里急切地等着这个劳动力的归来。童庆炳身上揣着那张龙岩师范学校的录取通知书，回家种地、担柴，而且越发努力。他将通知书藏在口袋里，不敢让父亲知道。有一次，当父亲与朋友一起喝酒喝得高兴的时候，他怯生生地对父亲说：“要是有那么一个学校，吃饭不要钱，也不用交学费，不知道你让不让我去念书？”父亲当着朋友的面说他：“你真是一个读书迷，哪有这样的好事啊，哪会有读书不要学费又给饭吃的学校，要真有这样的学校我就让你去读。”他忙说：“你说话算不算数啊？”父亲说：“当然算数！”因为父亲认为根本就不可能有这种学校存在。为了让父亲的话真的算数，童庆炳让父亲当着喝酒的朋友即刻写下

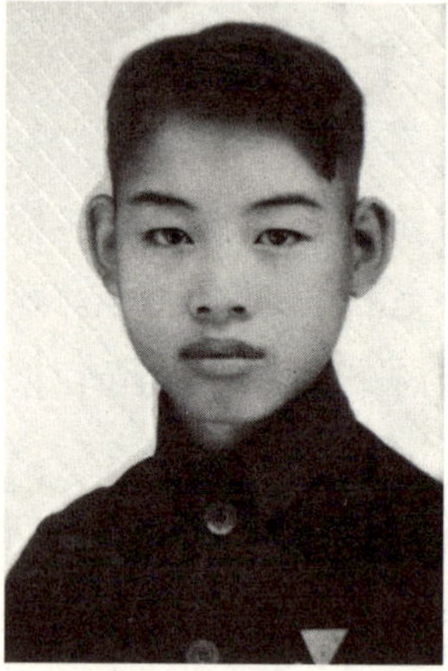

>>1952 年初中毕业照

一张字据，这才把录取通知书掏出来给他看，他让姑姑、舅舅、表哥、表姐和童姓长辈等亲戚甚至全村人都知道，对父亲形成了一种强大的“舆论”压力。这样，父亲只好无可奈何地同意让儿子去龙岩师范学校上学。

在一篇散文里，童庆炳谈到自己每次从北京返乡必做三件事：先到祖母坟前鞠躬，献上一把鲜花，或按照故乡的风俗，给祖母磕头；然后在家门口的小溪旁徘徊，追忆童年时在这里度过的美好时光；再跟当年一起上山挑柴的伙伴漫步以前走过无数次的弯弯山路……他深情地写道：“我终于体悟到，祖母、小溪和山路是童年对我的三大馈赠。祖母象征着爱心、亲情、善良、忠诚、宽厚、人性、人道……小溪象征着美感、艺术、自由、欢乐、享受、闲适、超脱……山路则是象征着劳动、追求、勇气、决心、毅力、苦练、冒险、攀登……

>> 1986 年与夫人曾恬在慕田峪长城

童年的三种馈赠构成了三组象征，犹如鼎之三足，这就是我的生命之鼎。有了鼎之三足，我才得以牢牢地站立在大地上。”①的确，爱心、艺术和劳动是童庆炳的生命之鼎，是他后来能够坚定地行走在人生之旅的重要保证。

1952 年初秋，一个十七岁、消瘦得不能再消瘦的孩子，穿着一件过短过窄的白色褂子，肩担着小小的铺盖卷和一个藤箱子，向着一个更远、更陌生的地方，甩开了他的步子，离开了生于斯长于斯的山村。那时，路边的枫叶还没有红，但满山遍野各色的花竞相热烈地开着——童庆炳是幸运的，通过自己不懈的努力，他怀抱着对远方、对未来的无限憧憬，终于走出了重重叠叠的群山，走出了那个封闭的小山村，迈入异彩纷呈的“外面的世界”；一只雏鹰开始长出了新鲜的羽毛，在崭新的学习环境练习飞行，把目光投向了更远的地方……

童庆炳的夫人曾恬曾为他写了一首脍炙人口的诗——

山水之子②

朝见山　暮见山
朝见水　暮见水
山水催开了你最早的智慧
你懂得它们的笑容
便和它们一起流泪

---

①童庆炳：《祖母·山路·小溪》，见《苦日子 甜日子——童庆炳美学随笔》，上海人民出版社 2000 年版，第 9 页。

②曾恬：《山水之子》，见李春青编：《手握青苹果——童庆炳教授七十华诞学术纪念集》，广西师范大学出版社 2005 年版，第 28—29 页。

你打着赤脚走
终于有一天
你跨过了一条神秘的界线
极目眺望远山的天边
另一个“宇宙”被你发现
也同时让你
像一粒种子
落入了石缝之间

你这颗种子　奇迹般地
没有枯死
那是因为山和水
你的第二爹娘
早已把它们的基因
注入你的灵魂
令你生命顽强而刚毅
永远迎着石缝里的光线
长高　长高——

三、难忘“卓娅班”

1952年，童庆炳就读于龙岩师范学校。这是一所迄今成立百年的老校，它的校友中有邓子恢这样的革命家。新中国成立前夕在经过短时期的关闭后，龙岩师范学校于1953年复校。童庆炳进入了新中国成立后龙岩师范学校的第一个班——“卓娅班”。

一所学校对学生影响最大的，主要有三个方面：一是学校的氛围，二是师生关系，三是教师的学问人品和教学态度。

龙岩师范学校的校风、师生关系及其教师的素养，给童庆炳留下了非常美好的记忆。

龙岩师范学校的老师们都很年轻，绝大部分住校。他们生龙活虎、英姿勃勃，整个学校充满了朝气和温馨。那时，师生都住在学生宿舍；学生住一层，老师住二层。白天，老师和学生各忙各的：上课、做作业、批改作业、读书、写作、研究或锻炼身体，宿舍里静悄悄的。一切都像春夏秋冬那样富有节奏、生机而有序地轮转。

黄昏时刻，晚霞映照下的校园特别幽静，仿佛沉入了诗画一般的世界。这时，音乐教师王善杰在他的房间里熟练地弹起了钢琴，语文教师赖丹就以他那甜美浑厚的男低音，和着钢琴声唱起了歌。那些歌大部分是上世纪三十年代电影的插曲，或悲壮，或哀怨，或雄伟，或激昂……琴声和歌声充满了带有田园气息的整个校园，让所有的人都沉浸在了那音乐之声所形成的美妙氛围之中，感觉生活之水如深山的溪水那样甘甜、清纯！

在这所充满朝气的校园里，童庆炳的心智迅速成熟起来了。他不仅是一位品学兼优的学生干部，而且酷爱上了读书、研究和写作的生活。他倍加珍惜这三年的学习时光，把生活安排得充实而有序：学习上他毫不懈怠，每门课都要争第一；文娱活动中他积极投入，体育竞赛、演讲比赛、话剧汇演……接连地摘取各种奖牌。由于这些出色的表现，童庆炳历任学生会主席、团总支副书记，把各项工作做得有声有色。上世纪80年代初，当童庆炳在中国文坛崭露头角时，赖丹回忆道：“他（童庆炳）学习全面发展，文理科均优，甚至连图画、音乐、体育都爱好，获得各科均达‘5’分的优异成绩。他学习既勤奋有度，又轻松闲暇；虽兼学生会主席，也热心编辑班级墙报，并从事大量的课外阅读和学余习作。由于接触知识面广，接受能力强，因此他能举一反三，触类旁通。”①

1953 年秋的一天，龙岩师范学校对面的山林突然起火了。大火吞噬着国家宝贵的树木，还威胁到了山坡上一个小村子里农民生命财产的安全。童庆炳作为学生会的主席，率领全校同学奔赴现场帮助群众灭火。童庆炳和同学们整整干了一天，用手中的松枝扑灭了一条又一条火龙。但是，谁也没有想到，当童庆炳站在一个陡立的山坡上不顾一切地挥动松枝时，风

>> 1954 年于龙岩师范，左二为童庆炳

①赖丹：《良性循环》，见《艺窗琐记》，中国文史出版社 1989 年版，第 44 页。

向突然改变,一丈多高的火焰冲着童庆炳扑了过来。这时,老师和同学们发现了童庆炳处在险境之中,一齐惊慌地高声呼喊起来:“快跑、快跑、快……”童庆炳连忙往山顶上跑,大火随着大风向他紧追不舍。在大火就要赶上、吞没自己的那一刻,童庆炳拼尽了力气,终于爬上了山顶,瘫软得失去控制的身子向另一面还没有燃烧的山坡下翻滚下去……童庆炳后脑勺的头发还是被烧光了,两只耳背也被烧伤,衣服的后背也烧着了。

童庆炳被老师和同学们及时送到了医院。童庆炳脱险了。数不清的老师、同学和周围的群众来看望他,他在群众心目中成了英雄。群众感激他,送来了好几个月也吃不完的鸡蛋。不久,《闽西日报》报道了童庆炳奋不顾身灭火的事迹。不知是谁怕童庆炳家里的人看见报纸知道他受伤的消息而担心,还特意替他给老家的父母写了封平安信!

1955 年 7 月 5 日,一个光荣的日子到来了:党在全面考验童庆炳之后,终于对他敞开了温暖的怀抱!在鲜红的党旗下,童庆炳激动不已,用他自己的话说:“生活不断地教育着我,使我有了无产阶级的信念。无产阶级的信念就是解放全人类,让人人都有真正的自由。我明白了一个道理:只有共产党,才能让全人类都有‘五斤米下锅’。从此,我有了一个全新的信念:让全中国的家庭,每天都有五斤米下锅;让全世界的家庭,每天都有五斤米下锅!”这个信念贯穿了他之后数十年的生涯,从未改变抑或动摇。

时光飞逝——

2004 年秋天,童庆炳参加了中国文科资深学者代表团,出访俄罗斯、印度和朝鲜等国。

在俄罗斯,童庆炳参观了莫斯科郊外的列宁博物馆,这是列宁度过人生最后岁月的地方。这已是第 4 次瞻仰列宁遗容,童庆炳仍忍不住想流泪。在列宁故居楼下的小路上,他心潮澎湃:十月革命时,这里不知留下了多少足迹；此刻，却只有我，一个中国共产党的老党员在此徘徊——我相信列宁，相信他说的是真理。

之后，中国学者代表团来到了印度东孟加拉邦的加尔各答，当地共产党执政已有27年。当中国学者代表团一行参观一个在共产党领导下进行过土改的农村时，令童庆炳至今激动不已的一幕发生了：该村三万人全部停学、停工，列队迎接中国学者代表团的到来。红旗飘扬，锣鼓喧天，“致以红色的敬礼！”的高亢口号、熟悉的《国际歌》的歌声响彻云霄。热情似一片澎湃的海洋。一位白发苍苍的老人拉着童庆炳的手不停地问：“你来自共产党的中国？我们也是共产党，我们是一家！”这一切，亲切得如同回到了故乡，使在场的每一位中国学者都深深感动。而此刻，童庆炳则想到了更多：“这里是贫穷的印度啊，共产党却使这里的人民天天都有五斤米下锅，多么不易，多么伟大！”这最感人的一幕一直留在童庆炳的脑海里，使他清晰地看到：自己的信念是正确的，对马克思的共产主义理想的感情不变，终生的信念不变！

>>2004 年访问印度加尔各答泰戈尔故居

1955年，童庆炳即将从龙岩师范学校毕业，按照当时的规定，中等师范学校毕业的学生不能参加高校入学考试，必须到乡村当小学教员。三年师范学校毕业后，童庆炳被派到附属小学当老师，一个月能领27元工资。他当时想，自己生活只需要7元，再给家里寄10元，还能剩10元呢。可没有想到上面突然来了文件，他们班里可以有四个同学参加保送大学考试，但只许报师范类院校。于是，童庆炳填报了一个志愿——北京师范大学中文系，因为他想要去北京，见毛主席。没想到，童庆炳真的考上了！

"童庆炳上北京读书了！"这消息在莒溪村传开，并经乡亲们渲染成了"重大"事件。在乡亲的眼里，进京读书可是"光宗耀祖"的事情。祖母、母亲怎么也没有想到，十九岁的童庆炳又要远离自己到北京读书了。一切来得实在是太突然了，她们手足失措，心绪不宁，不知道应该准备些什么才好。"北京"在她们的想象中简直就像天边一样遥远。当时，龙岩师范有一位老师长途跋涉到北京开了一次会，就像出了一次国似的，回来后在全校作了一个报告，专门讲在北京的见闻。童庆炳至今还记得，那位老师津津有味地讲冬天北京街道两旁的树干，都涂了像人一样高的白灰，远远望去，像站着一排排穿着整齐的白衣护士。

童庆炳离开家乡的那一天，祖母、母亲有一种"生离死别"的感觉，但临别时只能强忍着，表面上表现得比较平静。母亲要送儿子到离莒溪村十五里地的朋口乡去搭长途汽车，她着意打扮了一番：穿一身新的士林蓝布衫，脸上还搽了白粉，嘴唇好像还用红纸微微染过，脑后圆圆的发髻上一左一右各插了两朵鲜红的花——让人觉得喜气洋洋的。

母子俩走了十五里的山路，童庆炳终于搭上了长途汽车。在汽车开动前十分钟，母亲"空前绝后"地哭，眼泪哗啦啦直下，怎么也止不住。她在车窗外紧紧拉住童庆炳的手，说着些语无伦次的话语：北京"寒人"（冷）了，要着衫(穿衣服);实在有困难就写信给家里讲啊,我会给你寄布鞋的;知道你惦记着祖母,放心,有我呢;好好学习,不要惦记,也不要惦记弟弟妹妹,有我呢;读书是好事,光宗耀祖;大学毕业就是“进士”“状元”“榜眼”“探花”——毕业时写信来,让你爸写字,在祠堂贴红榜……说着说着,母亲突然流下了泪,而且再也止不住了,就任由它在脸上自然地流淌,继而完全失控,竟失声痛哭起来了,蓄积已久的感情决堤而出！她一边哭,一边嘴里还呢喃着什么。但童庆炳已经听不清楚了,觉得自己是那么的无能,在这个时候竟说不出一句恳切的话来宽慰母亲,而只是傻傻地待在座位上,还轻声说:“妈,你别哭了！人家在看咱们呢!”谢天谢地,汽车终于开动了。母亲似乎意识到离别终成事实,高高举起了手。童庆炳从车窗探出头来,看见了母亲湿漉漉的泪脸,自己的眼睛也湿润了。母亲不由自主地跑了几步,但汽车快起来了。母亲的身影向后退去,越来越远。在第一个拐弯处,母亲的脸在童庆炳的视线中变得模糊了,但她头上那两朵红花仍在微风中轻轻晃动……

若干年后,童庆炳回忆起母亲送行时的哭,为自己当时说那句愚蠢的话而深深自责:“我虽然离开母亲数千里,可仍然在母亲温暖的怀抱里……是的,世界上有许多你热衷的事情都会转瞬即逝,唯有母亲的爱是最真实而永恒的。”①

①童庆炳:《母亲的故事》,见《苦日子 甜日子——童庆炳美学随笔》,上海人民出版社2000年版,第20页。

第二章 巍巍学府

你看见了海平线。你驶近它，你又看见了海平线。你又驶近它，你依然看见的是海平线……在你的视野中永远是那虚空的海平线吗？如果你是一个永远不怕风浪的、一往无前的、永不疲倦的航行者，那么有一天你就会欣然看见那坚实的彼岸。

——童庆炳

一、转益多师

1955年秋天，一个阳光明媚的清晨，童庆炳走进了位于北京市北太平庄附近的北京师范大学校园，被分到了1955级中文1班。

20世纪50年代初的北京师范大学中文系，由原北师大和辅仁大学的中文系合并而成，可谓是名师荟萃。开课的老师几乎全是国内的知名教授：黎锦熙、黄药眠、刘盼遂、谭丕模、李长之、钟敬文、穆木天、陆宗达、文怀沙、王汝弼、叶参苓、徐世年、启功、郭预衡、杨敏如、徐世

>>1955 年，大学一年级，教学楼前留影

荣……还有年轻教师聂石樵、邓魁英、匡兴、陈惇等。此外，系里还经常请校外的专家如李健吾、冯至、朱光潜等著名教授来授课。这些教授们学有专长，治学、教学风格各异，听他们的课简直是一种特别的享受，让人感到知识

的海洋是那么的辽阔无垠……

刘盼遂(1896—1966),著名的古典文学研究专家和国学家。他师从王国维,学术造诣很深。刘盼遂个子又矮又瘦,上课时站在讲台旁,大半个身子都被讲台遮住了。他操着一口河南腔讲《史记》,根本不念讲稿。有一次讲《廉颇蔺相如传》,光是讲一个"蔺"字,左考证,右引申,竟讲了满满一节课,整整四十五分钟,完全是即兴发挥,令人叹为观止!

陆宗达(1905—1988),著名训诂学家。他是章黄学派的传人,主讲古代汉语。他的讲法很简单,又很生动,即按照《说文解字》一个字一个字地讲,每堂课大概只讲三四个汉字。他将整本《说文解字》背得滚瓜烂熟,上课从不带讲稿。他能够把枯燥的汉字讲得妙趣横生,让学生从不感到疲倦。

李长之(1910—1978),学哲学出身,理论素养高,早期写过《鲁迅批判》。这"批判"二字原是"评论"的意思。鲁迅本人读过他的书,认为很不错。但后来在"文革"中他为"批判"这个词吃尽了苦头。他上课用的是自己撰写的《中国文学史略稿》。他讲文学除了讲心得、体会,给学生以扎实的知识,还往往提升到理论层面,给人以思想启迪。李长之先生患有鼻炎,讲课总是不时举起蓝色长褂的袖子去擦鼻子。他老穿这蓝色长褂,他一次次地擦、擦,时间久了,他的蓝色袖子发出了白色的亮光。学生们便在那白色亮光的晃动中,继续听他的课。

王汝弼(1910—1982),著名古典文学专家,讲的是《汉乐府》和《古诗十九首》。他讲课时,总是把每一个字都注释得特别清楚。据说,他的这种注释的功夫,没有三十年的努力是难以企及的。有趣的是,他每次上课总是戴着一个口罩;说话时就把口罩往下拉,让嘴露出来,那口罩就罩在下巴上面的样子特别滑稽,时常成为大家的笑谈。

钟敬文(1903—2002),著名民间文学专家、民俗学家、教育家、诗人、散文家。他的课则是另一番光景，完全是照稿子念的，连一个标点也要念出来。譬如，他这样讲："民间文学属于下层的文化，逗号，五四运动，加引号，就是在吸收下层文化的养分的基础上开展起来的，句号。"讲台下面的学生把他所讲的每一个字都记录在笔记本上。钟敬文先生的那种认真和严谨，那种一丝不苟的精神，让童庆炳和他的同学们终身难忘。

杨敏如（1916—），著名翻译家杨宪益的妹妹，师从顾随等名师，专攻古典文学方向，兼研俄罗斯文学。她讲过的课很多，讲授最多的是唐诗宋词，但给童庆炳他们讲的是苏联文学。她的课充满激情，绘声绘色，十分生动，极有魅力。几十年过去了，童庆炳都还记得《青年近卫军》里的柳芭面向敌人饮弹牺牲的场景。

黄药眠（1903—1987），原名黄访、黄恍，广东梅县人，我国著名的诗人、作家、文艺理论家、美学家、教育家和杰出的革命文化战士。著名的艺术家、美学家王朝闻先生认为，黄药眠是一个颇具学术个性的学者："他从事的艺术学和美学，也像那些不同门类的艺术创作活动具有艺术个性那样具有学术个性……他那与众不同而又有共性的学术个性，不是任何所谓覆盖面很大的观点所能淹没的。"①黄药眠先生讲课从不要讲稿，只带三支粉笔、几张卡片，所分析的资料和那些文学作品完全是背出来的。他用略带客家口音的普通话，边讲，边写，或边写，边讲，思路之清晰、流畅，令人吃惊。下课的时候，三支粉笔刚好用完——这在北师大一时传为美谈。

黄药眠先生是北京师范大学文艺学学科的奠基人。1953年，在他的亲自指导下，北京师范大学率先成立了全国第一个文艺理论教研室，他任教研

①王朝闻：《黄药眠的学术个性》，见北京师范大学中文系编：《纪念黄药眠》，群言出版社1992年版，第42页。

室主任；同年，受教育部委托牵头编写高校第一个文学概论教学大纲。1954年，黄药眠先生主编了当时在全国影响极大的《文学理论学习参考资料》。1956年，黄药眠先生招收了新中国的第一个文艺学研究生班；同年，在《文艺报》上发表《论食利者的美学》长文，发动并参与了五十年代美学大讨论。

美的本质问题是当时人们关注的焦点，产生了几派意见。有蔡仪的“客观”说、吕荧与高尔泰的“主观”说、朱光潜的“主客观统一”说、李泽厚的“客观性社会性”说，还有黄药眠被埋没的“美是评价”说，等等。当时，黄药眠先生既批评了朱光潜的观点，也不同意蔡仪的观点，对李泽厚的看法也持保留意见。朱光潜、蔡仪、李泽厚等人对黄药眠先生的观点也提出过批评。然而，在1957年3月至5月间，作为当时北京师范大学中文系的系主任，黄药眠先生把朱光潜、蔡仪、李泽厚这些“论敌”，一一请到北师大讲美学课，既让学生有机会当面请教，又进一步听取持不同观点的各派对他自己的批评。朱光潜、蔡仪在作报告时，直言不讳地批评黄药眠先生的观点，特别是朱光潜，有时说话很尖锐，黄药眠先生坐在教室里聚精会神，带着安详而又有幽默意味的微笑听着，表现了他的雅量。当然，他自己也置身其间，作了两次重要的美学讲演，阐释了他的“美是评价”说，一时成为美谈。这种恢弘的气度和博大的胸襟，完全来自他对真理执着的追求。他在1957年写的《问答篇》说：“真理是客观的，人人不得而私；至于谁先找到它，那不是十分重要的事情。”黄药眠先生这一自由坦荡的学术品格与境界，深深影响了童庆炳一生的治学。

1957年6月3日，在“反右”前夕，黄药眠先生在北京师范大学一次美学讲座上发表了重要讲演——《不得不说的话》。黄药眠先生的这次美学讲演直接指出，认识论的简单公式，如本质与现象，主观与客观，个别与一般等，解决不了复杂的美学问题。他认为美是一种人类的社会生活现象，美是美学评价活动，他借用马克思的价值论，建立了新论。应该说，黄药眠的美学思想，是20世纪50年代大讨论中的"第五派"，是更为成熟的一派。但由于时间所限，没有完全构思好，又有反"右派"运动在即，时间不等人，如再不讲的话，他就没有说话的机会了。黄药眠先生从马克思的价值论出发，提出了"美是审美评价"的新论，认为美是主体对于对象物的"评价"：

> 画一个图画，说其色彩线条都很好，就是美，这就会失去社会内容而成为形式主义的美。看来好像唯物证实，实际上却是形式主义。离开人的生活去谈线条色彩是不对的，因为线条在人的社会生活实践中才有意义，故美不是存在于事物本身中，而是人对于客观事物的美的评价。……列宁在《唯物论与经验批判论》中，说到我们对于某种事物的感觉是人对于客观事物的主观的反映。假如这样说，我们也可以说美是人对于客观事物的审美的评价。①

在黄药眠先生看来，客观现实中的颜色、形状，如对称、比例、节奏、黄金分割等，如果不与人的感觉和情感发生联系，不发生评价与被评价的关系，是不能构成审美活动的。

黄药眠先生对哲学上的这个"统一"、那个"统一"不感兴趣，他从马克思思想武器中寻找新的理论支持，这就是价值论。在"美是审美评价"的命题中，客体要有价值性，主体要有评价的能力，主体以自己的审美能力揭示客体的价值性的过程，是一种评价的过程，而评价的过程是人的一种活动。这

---

①黄药眠：《美是审美评价：不得不说的话》，见陈雪虎、黄大地选编：《黄药眠美学文艺学论集》，北京师范大学出版社2002年版，第28—29页。

样，就把“美的本质”的问题转化成了“人的审美活动是什么”的问题，阐述的视角便从哲学转向了价值学，把美和美感联系起来考察，大大推进了当时的美学大讨论。童庆炳认为，黄先生的美学主张堪称“美学大讨论”中的“第一学”派。①

黄药眠先生提出“美是审美评价”说，主要出于对当时流行的所谓“唯物主义”的美的“客观”说的不满。可惜，一心想当党外布尔什维克理论家的黄药眠先生，在提出“美是审美评价”不久，就被划为“右派”。他的观点不但没有受到人们的重视，还被批判为“唯心主义”美学观而长期被理论界所漠视，没有得到公允的实事求是的评价。新时期伊始，黄药眠先生已步入晚年，他直到临终躺在病床上，仍在思考着世界、人生的各种问题。童庆炳几次到黄药眠先生的病榻边，先生都要谈一阵子学问。这种锲而不舍、追求真理的精神，一直鞭策着童庆炳自己在学术之旅中奋然前行！

大学期间，童庆炳还聆听过启功先生的“文选”课。启功先生的学识渊博、循循善诱、诙谐幽默、亲切平易，给他留下了极深的印象。在“文革”期间，由于众所周知的原因，启功先生被迫用他那秀美的书法抄写了不少大字报，张贴在很多地方。童庆炳时常站在那些大字报前，昂着头，如痴如醉地欣赏着那些用秀美的、雅致的、端正的、绝妙的书法写成的汉字，一站就是大半天。这种痴迷帮助了他，使他不知不觉地沉浸在一个美丽的天地里，从而忘记了外面世界的争斗和狂乱。

从 1984 年到 1989 年，童庆炳进入了一个繁忙的季节。1984 年，童庆炳刚从中文系副主任的位置退下来，学校决定让他当研究生院常务副院长，被

---

①童庆炳：《20 世纪 50 年代美学大讨论的第一学派——为纪念黄药眠先生诞辰 110 周年而作》，载《北京师范大学学报》（社会科学版）2013 年第 6 期。

行政工作套上了“枷锁”，十分繁忙。不久，学校准备提拔童庆炳做副校长，但童庆炳不想做。1985 年，北京师范大学校长王梓坤，还有中组部的工作人员，找童庆炳谈话，想请他到教育部出任基础教育司的司长，还加上一句——后面还有重要任用。童庆炳同样拒绝了。1986 年，教育部缺一个管文科的副部长，在北京、上海、南京等城市搞民意测验，结果童庆炳排在最前面。教育部里有人到童庆炳家里，说这一次你无论如何不能拒绝。童庆炳说：“你们不要来说了，我对当这官没有太大的兴趣。”为什么不愿意呢？童庆炳说：“如果我走当官那条路的话，也许我会得到很多利益，但是我就把学问丢了，把学生丢了。这是我不愿意的主要原因。”①

1990 年，由于众所周知的原因，童庆炳博导评选落选。当时，童庆炳已辞去研究生院常务副院长，回到文艺理论教研室当主任。博导评选受挫，把童庆炳和文艺理论教研室都带入了低谷。童庆炳一度心灰意冷，有退隐之意。在人生面临重大考验的时刻，启功先生鼓励他说：“没有什么了不起，你受这么点打击有什么呀！我还当了 22 年的‘右派’呢，这才出了头了。不要灰心，要继续干。”启功先生特意为童庆炳书写了陆游晚年书房的对联：“万卷古今消永日，一窗昏晓送流年。”启先生的用意很明确，外边的事情，不要去管，你也管不了；对于学者而言，最重要的是静下心来做好学问。启功先生的墨宝对童庆炳来说，是无声胜有声的激励。钟敬文先生也把童庆炳找去，

>> 启功先生题赠的对联

①童庆炳：《当官好还是当老师好？》，载 2015 年 6 月 18 日《南方周末》。

现身说法,告诉他自己最困难的时候是什么样子的。在启功、钟敬文等先生的鼓励下,童庆炳的研究方向从文学基础理论的研究转向了中国古代文论,特别是《文心雕龙》的研究。后来,为纪念启功先生对于自己的鼓励,童庆炳给书斋起名为“消永日斋”①。

1991 年,国务院博导评审组临时增加了一次会议,会议中又审议通过一些博导。当时童庆炳没有申请,结果却在讨论名单中,被大家推举出来投票,全票通过,获得了博导资格。

二、激情岁月

20 世纪 50 年代,是政治“运动”最为频繁的时代:批判“胡风”运动、批判胡适“唯心主义”运动、“向科学进军”“反右派斗争”“大跃进”“大炼钢铁”……与同龄人一样,大学期间,童庆炳的大部分时间都是在这些政治运动中度过的。

童庆炳入学后,北京师范大学很重视他,让他当团支部书记。当时正赶上“反右派斗争”,稍不小心就有可能“犯错误”。结果很幸运,班里有一位 1937 年参加革命的老大姐当党小组长,她让童庆炳听她的。当人家开批判会时,他们按兵不动;人家贴大字报,他们没有贴。到“反右”开始时,别的班都有六七个“右派”,而他们班里没有一个“右派”。他们不会搞运动,组织让他们到别的班反“右派”。辅导员老师说,你们只要在“右派”说的话前面加“难道……吗”就可以了。比如“右派”说“党委不民主”,就说“难道党委不民主吗?”弄得同学们大笑不已。

①童庆炳:《教研室的十年长征》,载 2015 年 6 月 16 日《北京师范大学校报》。

童庆炳非常清楚地记得，自己曾在日记的扉页写下两段“箴言”：一段是《钢铁是怎样炼成的》小说中保尔·柯察金的名言——“人生最宝贵的是生命，生命属于人只有一次。一个人的生命应当这样度过：当他回忆往事的时候，他不致因虚度年华而悔恨，也不致因碌碌无为而羞愧……”另一段则是苏联共产党中央负责安全工作的早期领导人捷尔任斯基的名言——“如果共产主义的红星不能照耀世界，那么我们还活着干什么！”它们真实反映了那时青年人的精神状况。

20世纪50年代有一个流行口号：“苏联的今天，就是我们的明天。”那个时代的大学生，无不把当时的苏联看成新中国美好的明天。莫斯科，苏联的心脏，是当时人们无限向往的城市，是神圣得不能再神圣的地方。

当时的快乐几乎都是“苏式”的。童庆炳和他的同龄人一起唱着苏联歌曲，从《在那遥远的地方》到《莫斯科郊外的晚上》，从《喀秋莎》到《在列宁山上》，从《一条小路》到《纺织姑娘》，“歌声好像明媚的春光”，有时也会有莫名的伤感，却是淡淡的。这种集体的歌唱时常是一首接一首，常常让人忘了时光的流逝。童庆炳也学着跳交谊舞，即便没有音乐的伴奏，也抱着一把椅子学习三步舞或四步舞，自唱自跳，兴致勃勃。朗诵马雅可夫斯基的诗歌在当时也是一种时尚。大家都喜欢他的《向左进行曲》，因为里面有“向左！向左！向左！”这样有力的诗句。而童庆炳更喜欢马雅可夫斯基的《青年近卫军》，喜欢其中不断进取的思想，喜欢情感与思想层层递进的“楼梯体”诗行。

更难忘的是有一次参加国庆节游行。在成千上万人的大游行队伍里，童庆炳所在的北京师范大学中文系1955级1班全体同学手挽着手，欢呼，跳跃，通过天安门广场，接受毛主席的检阅，目不转睛地看着毛主席向自己招手！有的同学兴奋过了头，在通过天安门后，才发现自己的鞋子不知什么时候被人踩掉了，看着自己的光脚，感到有些尴尬，可还是欢笑……

回顾50年代这段生活，可能有人会用“虚幻”“狂热”“盲从”“左派幼稚病”等词语来加以批判，似乎一切都不好。不，不是这样的，不是这样简单。“虚幻”“狂热”“盲从”“左派幼稚病”等诚然是有的，但与此同时还有“奋进”“积极”“乐观”“理想”“友谊”“集体主义”等。那代人的青春是复杂难言的，不能简单地贴上标签，一笔抹煞就了事。

2002年是北京师范大学百年华诞，大学毕业47年后，北京师范大学中文系1955级1班的同学在母校重新聚会了。童庆炳满怀深情写了篇散文《永久的同学》，其中有这样一段文字：

> “历史”错了，但同学们的愿望、理想、干劲以及人文关怀并没有错。历史错了，友谊长存。历史错了，人文美丽。历史错了，我们青春所燃烧起来的火光没有错，我们甚至怀恋那奋战的日日夜夜，就像作家

>>2004年秋在莫斯科红场

史铁生写的《我的遥远的清平湾》那样，怀恋那错误的却又是温馨的日子。

是啊，作为同学，我们共同燃放青春的焰火！

……有一样最珍贵的话，大家都没有说，那就是我们每一个人都把青春、生命、智慧和力量全部献给了我们的祖国！虽然现在我们老了，但祖国永远在我们心中！[①]

——这就是激情燃烧的岁月啊！

1958年7月，童庆炳提前一年毕业，留校到中文系文艺理论教研室任助教；可是，留校后不久，中文系个别人刻意打压、排挤童庆炳，把他弄到了社会科学处当小科员。此前，童庆炳担任着校学生会重头的社会工作，光是开大大小小的会就占去了他许多的学习时间，学到的知识太有限了。为此，他尽可能多地听课，尽可能多地阅读，尽可能多地抄读卡片，尽可能多地写读书心得；此外，他还特别重视老教师的点拨和指导。整整四年里，他几乎天天用功读书到深夜。可以说，毕业后的四年，童庆炳又读了个真正的大学本科。

在1961—1962年间，童庆炳痴迷地钻研《红楼梦》。经过两年的潜心研究，童庆炳写了篇近两万字的论文《高鹗续〈红楼梦〉的功过》。五位教授匿名审读该论文后，认为“内容和文字皆好”，在曹雪芹逝世两百周年之际，此文被刊载于1963年《北京师范大学学报》的“红楼梦研究专刊”——20年后，此文被刘梦溪先生收入《红学三十年论文选编》。这篇论文发表后，很快

---

①童庆炳：《永远的同学》，见李春青编：《手握青苹果——童庆炳教授七十华诞学术纪念集》，广西师范大学出版社2005年版，第21页。

受到了学界的广泛注意,使人们留意到了童庆炳的学术研究潜能,而把他从社科处调回到了中文系。从此,童庆炳走上了教学研究之路。但不久,北京师范大学开展整党试点,童庆炳被中文系定位为走“白专”道路的两位教师之一(另一个是郭预衡)。每天夜晚童庆炳都要做一次深刻“检讨”,接受别人没完没了的“批判”。直到一个月后,他得了肺炎不得已住院治疗,“批判”才停止。那是一个“阶级斗争”年年讲月月讲天天讲的时代,还不是一个读书、研究的时代。

1963 年 9 月至 1965 年 7 月,作为一位中国高校的教师,童庆炳被当时的教育部派到越南履行中国与越南的文化教育合同,到了国立河内师范大学任教。他带了满满一箱子的书,来到了战火纷飞的越南,接受严峻的“考验”。那时,越南还没有统一,越南人民的抗美战争正处在关键时刻。上课的教室完全是茅草盖的,夏天的太阳毫不留情地穿透薄薄的茅草屋顶,热得人透不过气;冬天则冷风飕飕,有时冻得拿粉笔的手指发僵,连在黑板上写的字也变了形。童庆炳往往一周要上 24 节课,给学生讲中国古代文学及作品选读、古代汉语、现代汉语等多门课程。学生们兴味盎然地听他讲《诗经》,讲《楚辞》,讲《汉乐府》,讲陶渊明,讲李白杜甫,讲唐代的边塞诗……美国的飞机不时飞临河内上空,当防空警报呜呜地响起来,童庆炳便和学生们一起跑出教室,蹲进教室旁临时挖的防空壕。

童庆炳在越南一待就是三年,讲授过几乎所有相关的文学课程,当时因为不满意郭沫若对《离骚》的翻译,他就把屈原的《离骚》重新注释翻译了一遍,受益匪浅。他还系统地钻研中国文学史,为学生编写了深入浅出的讲义,这就是由河内师范大学油印出版的《中国古代文学发展简史》,此外他还编写了近百万字古代文学作品的注释。这段日子是紧张、劳累的,他却视之为一种精神享受。他说:“我讲那么多课,等于把大学课程又学习了三遍,这

>>1963 年在越南河内师范大学备课中

不是非常充实和高兴的事情吗?”无论工作多忙,他一天也没有放弃读书。他时刻提醒自己:“知识一定要积累。力量靠厚积才能薄发。不厚积,靠爆发是爆不出来这个时候打下的坚实基础。童庆炳出色的教学工作,很快便赢得了人们的肯定。不久,他被任命为河内师范大学中国专家组组长。

日子一天天过去了……

1964 年 10 月 16 日,当童庆炳和其他中国教师在所住宾馆听中央人民广播电台的定时新闻广播时,突然传来了令人振奋的好消息:中国于 10 月 16 日在西部成功地爆炸了自行研制的第一颗原子弹!顿时,所有住在这个宾馆的中国人一齐从自己的房间里涌出来:欢呼,拥抱,跳跃,呐喊!广播里一遍遍播放着新闻简报,他和同伴们如饥似渴地一遍遍细听着,欢笑着,跳跃着。那一刻,他深深地感到了作为一名中国人的自豪与喜悦!身在异国他乡,民族的意识、爱国的激情瞬间凸现出来了,深沉起来了,泛滥开来了……

第二天早晨七点半,童庆炳带着激动后的微微疲倦坐上了开往学校的小车。他决定给学生们讲杜甫的《闻官军收河南河北》,让学生们感受到今天中国老师的情绪高涨是溢于言表的。他感到,如果今天不讲这“天下第一快诗”，无法宣泄自己内心深处的感情。

小车将近学校校门时，童庆炳发现用木板钉成的简陋校门不像往日那样打开。司机只好鸣笛。一揿喇叭，两扇大门很整齐地迅速打开了。在校长的组织下，全校师生一涌而出，齐声欢呼着两个字：“中国”“中国”“中国”……蜂拥的人群如潮水一般向汽车涌过来。在这震天般的声浪中，童庆炳一下意识到了什么，心剧烈地跳动起来了。童庆炳刚迈出车门，最先向他伸出手来的是那位留法的对中国教师不冷不热的小个子校长；他的笑是真诚的、热烈的、感人的，他用越语向童庆炳表示热烈的祝贺。童庆炳看见了许多熟悉的和不太熟悉的面孔，大家都是喜气洋洋的。不由分说，童庆炳被他们的手和肩膀高高地抬起。他这才发现，欢迎自己的人们站满了整个校园！

在“中国”“中国”“中国”欢呼声的海洋里，童庆炳像英雄一样被人们抬到了可容数千人的简陋的礼堂里。礼堂的正面高高挂着“热烈祝贺中国研制的第一颗原子弹爆炸”的横幅。那一天，所有的课都停了，这是全校师生的聚会。

那一刻，全校师生的目光都注视着台上的童庆炳。校长发表了热情洋溢的演讲，一再把中国的原子弹爆炸与中越“同志加兄弟”的友谊联系起来；似乎这原子弹不仅属于中国，同时也属于越南。接着是童庆炳的即兴讲演，一位中文说得最好的越南老师当他的翻译。童庆炳激动难抑，师生们被他那炽烈的爱国之情打动了，为童庆炳献上了经久不息的掌声。作为中国的代表，童庆炳记不清自己说了些什么；好像说了中国原子弹的成功爆炸是对美帝国主义的最沉重的打击，同时也是世界人民的胜利；说了原子弹的爆炸使中国变得更强大了，中国是越南人民可以依赖的朋友；好像还说了“八亿中国人民是越南人民的后盾，九百六十万平方公里的辽阔土地是越南人民的后方”。哦，重要的已不是当时说了什么，而是在那个礼堂的数千人的眼里，自己在那个瞬间代表了祖国！

望着礼堂里数千双热切而兴奋的目光，童庆炳的眼睛湿润了。在那一刻，他理解了“祖国”的含义。后来，童庆炳把当天的感受写成了散文《那天，我就是中国》，表达了一个普通教师在海外因为祖国而自豪的心声。他满怀深情地给“祖国”下了一连串的“定义”：

> 祖国，是母亲赐给她的儿女吮吸的甜甜的乳汁；是父亲叮嘱远行游子的一片赤诚的心；是春旱难熬时节滋润龟裂田地的一场及时雨；是夏季赤日炎炎时飞来的一片云翳；是秋天丰收时挂在枝头累累的果实；是严冬雪地边沿一堆暖人的篝火；是黎明时分地平线上升起的象征美好未来的一抹霞光；是黑夜里点燃的引导人们前行的火炬……祖国对她的儿女就是一切！①

——祖国，是童庆炳心中一切最美好的意象；祖国，是童庆炳最大的依恋与寄托！

>>1967年赴阿尔巴尼亚前夕

三、遭遇“幸运”

1965年夏天，童庆炳从越南回国。他被安排在北京师范大学留学生办公室，担任汉语教研室主任。在他教的学生中，除了大量的越南学生之外，还有苏联、印尼等国学生。

①童庆炳：《那天，我就是中国》，见《苦日子 甜日子——童庆炳美学随笔》，上海人民出版社2000年版，第112页。

1966 年,“文化大革命”开始。童庆炳目睹了此前从未见过的种种场面:那些给他上过课的老师被戴着纸帽子游街,一个个被打成“反动学术权威”,进了牛棚强制劳动;学校的领导被抓到台上撅着屁股挨斗,到处是大字报,到处是口号,随后是“派战”和“武斗”……整个学校乱成一团,整个社会乱成一团。同年 7 月,因有人揭发他“反对工作组”,童庆炳被打成了“反革命”。一个月后工作组撤离,他被摘去了“反革命”帽子,突然成为“革命左派”。为什么一下说自己是“反革命”,一下又说自己是“革命左派”呢?童庆炳感到这个运动无法理解,自己必须保持清醒的头脑。他不但没有上“井冈山”公社,反而当起了“逍遥派”。

幸运的是,1967 年 9 月至 1970 年 7 月,童庆炳被当时的教育部派往阿尔巴尼亚的国立地拉那大学历史语言系任教,讲授中国古代文学和现代汉语等课程。如果说去越南工作让他避开了“四清”运动,赢得了读书、教学的机会,那么这次去阿尔巴尼亚工作,则让他躲开了“兵荒马乱”的“文革”,给予他更多的时间读书、写作,为日后的学术研究做了更为充分的准备。

在地拉那大学,童庆炳的教学任务并不重。一个人孤身在外,周围又没有熟识的朋友,怎样打发这些空闲的时间呢?他整天在房间里踱来踱去,日子实在是太难熬了。他知道自己缺少什么,那就是书。可是,出国临行前,组织上交代不要多带东西,尤其不要多带书,一者免得超重,二者避免过海关时查出问题来。那时海关查得很严,所谓“封资修黑货”一律不许带出去。因此,童庆炳只带了三本书:《辞海》《新华字典》和《毛主席语录》。

哪里会有中文书呢?童庆炳多次到中国大使馆的文化处,转来转去,东翻西找,像极了觅食的“饿狼”。终于有一天,文化参赞悄悄地告诉童庆炳,“文革”开始“扫四旧”时,大使馆的青年人也组织了红卫兵,把原来的图书室用封条严严实实封起来了;图书室就在地下室,要想进去也不难,带一把改锥和一个手电筒就可以了。

于是,童庆炳利用午休时间溜进了那个不大的地下室,用手电筒一照,果然有一个被封了条的房间。房间的左面有一扇窗户,他用带来的改锥轻轻一撬就开了:原来自己并不是第一个光顾这里的人。真可谓是“前人栽树,后人乘凉”呵。顺着手电筒的光线,他看到了满屋的书,差一点惊呼起来。书实在太多了,简直够自己重新上好几次大学。他首先看中了1946年由鲁迅先生纪念委员会编纂出版的红布皮的《鲁迅全集》16卷,赶紧把它们装进准备好的书包……当童庆炳走出大使馆时,他觉得自己在地拉那遭遇了“幸运”。

在那个地下室里,童庆炳陆续找到了《诗经》《楚辞》《左传》《史记》……还有王维、李白、杜甫、李商隐、杜牧等人的诗歌选集,还有歌德、席勒、海涅、列夫·托尔斯泰、契诃夫、梅里美、巴尔扎克、雨果等作家的经典作品,还有一大批古今中外的历史著作。以这些书籍为友,童庆炳觉得自己空前的充实、“富有”,不再感觉到寂寞!

>>1969年在布达佩斯

大概过了一年,童庆炳又遭遇了一次更大的“幸运”——地拉那国立图书馆从中国买了许多中文书籍,但图书馆里没有一个人懂得中文。知道这个消息后,童庆炳一夜没有睡好。第二天就去地拉那国立图书馆找人“谈判”,

“谈判”的结果是“公平交易”：自己帮他们编目上架，他们允许自己随便借书。这一回，童庆炳最大的收获是借到了“十三经”“二十四史”、《资治通鉴》和一些中外著名作家的文集。当国内“文革”烽火四起，人们忙着搞“大批判”、写大字报、跳忠字舞、排演“样板戏”、搞派系斗争，忙着反“封、资、修”，随意践踏人类文化的时候，童庆炳却在地拉那得天独厚地坐拥“书城”，自由自在地畅游书海，做了很多读书笔记一点一滴地积累知识，这是何等的幸福啊！在阿尔巴尼亚的三年读书生活，使童庆炳收获不小，后来，他写了一篇散文——《地拉那遭遇“幸运”》，回忆起这段美妙无比的生活经历，他最想说的一句话是：感谢生活！

1970 年夏天，童庆炳完成了在阿尔巴尼亚的工作，回到了祖国。回国后，由于莫名其妙的原因，童庆炳在政治上被“冷冻”了两年。他烧了一年锅炉，“靠边站”了一年。谁也没有想到，这竟然又给他“创造”了一次自学的良机。他在冥冥之中仿佛听到了这样的声音：“读吧，读吧！你是对的。”当时，北京师范大学图书馆早已经允许借书。童庆炳基本上是每周或每半个月借、还一次书。他的床头、桌上和枕头边永远摞着一尺多高的书籍和一些读书卡片、笔记本。

>>1959 年与未婚妻曾恬

童庆炳除了读别林斯基、宗白华等人的文学理论或美学著作，还“啃”了许多令一般人“头大”的书，如马克思的《政治经济学批判》《哲学的贫困》，恩格斯的《反杜林论》《自然辩证法》，以及德国哲学家康德、黑格尔等人的著作。每天晚上，童庆炳就着一盏小台灯，往往一读就是四五个小时，直到深夜还神采奕奕地读。看着自己的丈夫如此痴迷，夫人曾恬指着这些书打趣地问："那些'石头'你啃得动吗？"啃不动也得啃。比如恩格斯的《费尔巴哈与德国古典哲学的终结》，童庆炳天天读，反复读，获益匪浅。

1975 年，童庆炳主动而坚决地辞去北京师范大学"大批判"组长的职务，回中文系当了一位普通教师。"文革"后期以及"文革"刚结束时，不少与专业有关的新书出版了，他买了一批又一批。新名词、新观念、新视角、新论点……扑面而来。童庆炳对它们既不视而不见，也不轻易顶礼膜拜；对自己所读的书，他永远用自己的"胃液"去消化，消化不了的决不违心地说"香"。

在童庆炳的夫人曾恬看来，如果说两年的越南教学经历，等于让他读了个硕士学位；那么，在"文革"期间，他等于是读了个博士学位！

20 世纪 70 年代末，在《祝酒歌》响彻神州大地时，童庆炳要用自己积累的知识努力地酿"酒"了。他给自己规定，每天六点起床坐在书桌旁，开始读书、写作，午饭则要延后到下午一点。这样他一天的读书、写作时间已经多达七小时。他一般下午去学校开会。当时，北京师范大学中文系主任是钟敬文先生，童庆炳等三人是副主任。童庆炳同意任职的条件是上午不参加会议。所以，他虽担任行政职务，但并没有过多影响学术研究与教学。每到暑假，童庆炳给自己找到更好的去处。一大早，他就把稿纸、笔、干粮、一瓶开水、必要的几本书、一个小板凳，全部放置到自行车上，来到住所附近的八一湖边一个安静的树林里，写呀写，中午就吃两个干烧饼，天不擦黑不回家。这片小树林是他特别"出活"的地方，是他思考、写作的"伊甸园"。童庆炳写东西跟读书一样，不急不躁，积少成多。多年的读书、思考、探究，终于盼来了开花结果的丰收季节——

1978 年发表论文《略论形象思维的基本特征》；

1979年发表论文《再论形象思维的基本特征》；

1980年发表论文《曹雪芹的艺术观》；

1981年发表论文《评当前文学批评中的“席勒化”倾向》《关于文学特征问题的思考》，分别由许觉民、王元化主编的前后两部《中国新文艺大系》的“理论卷”都收录了后一篇论文；同年，在《文艺报》发表《评袁康、晓文〈一部违反真实的电影〉》，为电影《天云山传奇》的思想倾向辩护，受到广泛好评，《新华文摘》《文摘报》《电影艺术》等十余家报刊转载；同年7月，人民文学出版社出版了他与曾恬合著的中篇小说《生活之帆》；

1982年发表论文《长篇小说新作审美素质初探》；

1983年发表论文《现实主义——文学的康庄大道》，还撰写了论文《文学与审美》；同年，受教育部委托与人合作编写了《高等师范院校文学概论教学大纲》，春风文艺出版社还出版了200余万字的《文学理论学习参考资料》，童庆炳为主要编者；

1984年，发表论文《特征原则和作家的发现》，《新华文摘》《全国文科学报文摘》等相继转摘此文；独立编写《文学概论》（上、下册，42.8万字），由红旗出版社出版，并在北京电视台主讲，获北京市“劳动模范”称号；

1985年，与钟子翱等合编《文学概论》（上、下册），由北京师范大学出版社出版，全书58万字，童庆炳撰写25万字；此书被指定为北京市自学考试用书；

……

人们开始惊呼童庆炳的“多产”，说什么“睡醒一觉，他竟然成了一棵结‘论文果子’的树了”！殊不知，童庆炳的成绩并非从天而降的“奇迹”：如前所述，大学毕业后，他永不停歇地“补”了20年的功课——还说要“补”一辈子——他的这些“果子”完全是厚积薄发，不是靠什么催化剂“催”出来的！

1979年，童庆炳被北京师范大学评定为中文系讲师。

1981年，童庆炳被北京师范大学评定为中文系副教授。

1986年，童庆炳被北京师范大学评定为中文系教授。

……

回首往事，童庆炳用那饱含诗情的笔触写道——

感激你们，我的老师，你们是我的指路明灯，你们给我以知识和勇气，我的身上有你们的影子。感激你们，给我以各种机会的同志和朋友，没有你们是万万不行的。……还有你们，孔子、孟子、屈原、司马迁、陶渊明、刘勰、李白、杜甫、苏轼、柏拉图、亚里士多德、黑格尔、康德、席勒、马克思、恩格斯、普希金、别林斯基、卡西尔，等等；你们留下的书本犹如知识的宝藏，让我挖掘了一辈子也不知道疲倦……如果我是倒影，那么你们就是湖水和树林；如果我是树林，那么你们就是湖水和倒影；如果我是湖水，那么你们就是日夜陪伴我并使我美丽的元素。①

①童庆炳：《人生七十感言》，见李春青编：《手握青苹果——童庆炳教授七十华诞学术纪念集》，广西师范大学出版社2005年版，第5页。

第三章　师魂永在

生活就是投入，
每时每刻都投入。

——[西] 加塞尔

一、“上课的感觉”

1958 年童庆炳留校任助教时，中文系指定童庆炳管理教研室的“右派”，黄药眠先生当然也在被管的“右派”之列。“右派分子”被规定每天要到系里来扫地，打扫厕所等。童庆炳心中始终认为黄先生是老师，不是什么敌人，所以总是偷偷地帮助他扫地、扫厕所，总是亲切地称他“黄先生”。黄药眠先生规定每天要交的“日记”，童庆炳也听之任之，交来则看看，不交，也就算了。有时候黄药眠先生在“日记”上写些读书的感受，分析作品为什么写得好或不好。童庆炳至今仍有印象，黄药眠先生分析过当时出版的小说《林海雪原》写得好的原因，让他非常受启发。1960 年组织上给黄药眠先生摘了“右派分子”的帽子，中文系指定黄药眠先生做童庆炳和另外两位年轻助教的指导教师。在指导青年教师童庆炳、程正民和刘庆福等人的过程中，黄药眠先生提倡“具体的思维”，即不要从概念出发，从抽象到抽象地推论；而要从事实出发，把观点与材料相互对照，以事实印证观点，要顾及事实的方方面面，看看观点的涵盖面是否周全——这样才能发现问题，检验观点的正误，避免简单化和片面化的偏颇，而不致使自己的理论沦为空论。

黄药眠先生并不给青年教师讲多少高深的理论，而总是亲自给他们示范讲作品分析问题。为了有效增强青年教师分析作品的能力，黄药眠先生计划先从短篇小说讲起，再讲中篇和长篇（准备讲《红楼梦》）。第一讲是分析宋人话本《卖油郎独占花魁》，在示范分析之后，让每个人从当时文学刊物上选取一篇刚发表的短篇小说，独立进行分析，要求抓住作品的特点，探索作品成功或失败的原因。最后再交给他批改，他对每个人的作业批改都非常细致，有眉批，有总结性评语，只要分析中有独到见解，则予以肯定鼓励。

>> 黄药眠先生晚年照

对于黄药眠先生的“最后一课”，童庆炳至今仍记忆犹新：1983年春天，已经80岁高龄的黄药眠先生坚持要给研究生和年轻教师讲最后一次课。他步履蹒跚地走进了北京师范大学教二楼的一间教室，学生们起立迎接他。他在讲台旁坐下，向带着对知识的渴望和对他敬仰的学生微笑着，然后把手伸进书包。大家以为他是在拿讲稿，但出人意料的是他拿出了三个药盒子，在讲台上一字排开，然后叫童庆炳和另一位老师过去，告诉他们，如果自己在讲课过程中突然倒下时，怎样把药按次序放进他的嘴里……黄药眠先生是冒着突发心脏病的危险，不顾生死来上这堂课的。他随时可能倒在讲台旁，或栽倒在学生的怀抱里，但是他坚持要讲完这最后一课……这最后一堂课，童庆炳没听好，他跑神了。他觉得，这“最后一课”是先生一生为人治学的写照，他为先生那种不惜生命追求真理的精神所折服！

后来，童庆炳经常动情地讲述这段往事，强调要将黄药眠先生这种豁出老命来搞学科建设的精神发扬光大，强调要有一种生命的投入，才能真正把这个学科搞好，这个学科才能立于不败之地。在他看来，劳动最重要的是态度，只有把劳动变成自己的精神乐趣，才能享受到它所给予的一切。童庆炳发自肺腑地说：“我在40年的教学生涯中，始而怕上课，继而喜上课，终而觉得上课是人生的节日。天天上课，天天过节，哪里还有一种职业比这更幸福的呢？我一直有这样一个愿望：我不是死在病榻上，而是有一天正谈笑风生地讲着课，突然倒在讲台旁或学生的怀抱里。我不知道自己有没有这个福分。”①

1983年，北京师范大学文艺学学科点被评定为全国第一个文艺学博士

①童庆炳：《我的“节日”》，见《苦日子 甜日子——童庆炳美学随笔》，上海人民出版社2000年版，第60页。

点;1985年开始招收文艺学博士生,第一届博士生有王一川、罗钢和张本楠。童庆炳被黄药眠先生指定为副导师,协助他指导学生。同年,该学科点还招入了第一届硕士研究生,共13人,有陶东风、李春青、黄卓越、蒋原伦、陶水平、唐晓敏、李珺平、张云鹏、曹凤、金依里、陈向红、周帆和黄子兴。第一届博士生和第一届硕士生,是一群学术个性与禀赋完全不同的学生,他们构成了日后学界所谓的"童门弟子"或"童家军"的基础;目前,他们基本上都成了中国文艺学界的中坚力量。

本来硕士研究生招生简章上写的是钟子翱、童庆炳和梁仲华三位导师,可是,当时谁也没想到钟子翱先生身体不好,已检查出患了癌症,当时正在住院治疗(1986年去世),梁仲华则调到了新成立的社会科学处任处长。于是,13名学生都划到了童庆炳名下,全由他一人指导。后来,人们戏称他们为童庆炳的"十三太保"。第一届博士生则是以黄药眠先生的名义招进来的,不料黄药眠先生先是生病住院,不久后去世了。他们培养计划的制订,教学方案的设计,毕业论文的选题、指导及答辩的组织工作,全都由副导师童庆炳一人来做。

年富力强的童庆炳成了文艺学学科点的顶梁柱。1989年,童庆炳毅然辞去了似乎前途"看好"的北京师范大学研究生院常务副院长职务,回到教研室整顿文艺学的教学和科研队伍。与此同时,福建同乡、同届同学程正民向童庆炳伸出了热情的援助之手,帮助他一起精心地指导这首届文艺学硕士生和博士生,一起规划学术工程。

程正民是著名的俄罗斯文论研究专家,1937年出生于福建厦门,1959年毕业于北京师范大学中文系本科,并留在文艺理论教研室任教,讲授文学概论课程。自1965年起,程正民先后在北京师范大学外国问题研究所和苏联文学研究所从事研究工作,主要研究苏联文学理论批评和苏联当代文学,为

>>1987 年，与第一届硕士研究生合影，自左到右为：李珺平、蒋原伦、周帆、陶水平、黄子兴、李春青、金依俚、唐晓敏、曹凤、陶东风、陈向红、张云鹏、黄卓越、童庆炳、程正民

研究生讲授俄苏文学批评史课程；其间曾任苏联文学研究所副所长，《苏联文学》杂志常务副主编。1986 年，童庆炳邀请程正民一起指导首届研究生时，程正民已经翻译出版过一本苏联人写的《文学心理学》，有着非常深厚的学术积累。在童庆炳的努力下，1993 年程正民调回到北京师范大学中文系文艺理论教研室工作，主要讲授马列文论、文艺心理学和俄苏文论专题等课程。1995 年至 1997 年，程正民任北师大中文系主任。数十年来，作为与童庆炳肝胆相照的战友，程正民同样时刻关注着学生的生活与学习，几乎把他们当成自己的孩子一般对待。在学生的心目中，他是一个永远慈祥的“老父亲”，备受学生热爱。

第一届硕士研究生入学时，恰逢童庆炳申报的国家“七五”规划社会科学基金重点项目“心理美学——文艺心理学研究”批了下来。于是，他便带着这些学生一起投入到这最为前沿的课题研究之中，并辅之以课堂“专题研讨”与“课外研讨”相结合的教学指导方式。童庆炳每次给学生上课前，都做一番精心的准备：先冲个热水澡，穿上最好的服装，系上一条金利来领带（获曾宪梓教育奖时从曾先生手里接过来的），穿着擦亮了的皮鞋，庄重而又精神饱满地出现在学生们面前。上了讲台，他的习惯是手里拿着粉笔，站着授课，决不坐着，这是童庆炳几十年来坚持的习惯。他说，这是出于对职业、对知识、对学生的尊重，也是保持激情、讲出质量的必要方式。只有这样，才能“把每次讲课都当作第一次”，以新鲜认真的态度来面对。讲课时，童庆炳往往抛开讲稿，把自己的生活体验，所品尝过的酸甜苦辣，融入到知识义理中，引导学生去体悟知识的真谛。

在上“专题研讨”课之前，童庆炳通常是从古今中外重要的理论书籍中挑出一本，布置好研讨的题目及范围，让学生精读相关章节，并指定一些阅读的书目和资料；然后每周组织一次研讨课，要求每人的发言不能重复书中的内容，必须谈出自己的体会和理解。到了研讨课，童庆炳自己先讲，再让学生们讨论，也就是自由发言，其核心是专门挑他所讲内容的毛病或不足，特别鼓励学生们拿自己新编的讲义“开刀”，并说凡是能对他的讲义提出相反意见的得高分，附和的得低分。大约是童庆炳的真诚与谦虚态度鼓励了弟子们，于是，同学之间、师生之间高谈阔论，唇枪舌剑，争论不已；在一场场辩论中，谁也不轻易让步或服输，彼此之间争辩得面红耳赤。结果十三个学生挖空心思来挑毛病，大家的发言也十分大胆，甚至是尖刻。针对童庆炳的某种观点，说逻辑不通者有之，说浅薄者有之；有的从观点上，有的从体例上，有的从例证上，一一展开批评……十三份意见如果分散开来，陆陆续续提，也许不使人难堪，集中在一起，显得分量很重。然而，无论面对怎样的批评，童庆炳总是平静对待，耐心地倾听学生们的意见，有时据理力争，有时直言接受，有时不置可否……最后，童庆炳作精要的点评，并将学生所提意见全部带走，从未有因学生的批评而愠怒的情形。当时已步入中年的童庆炳，有着年轻人一样的心气，保持着接受新知识、新事物，时刻更新思想观念的强烈兴趣和欲望。

"专题研讨"课结束后，童庆炳把讲义整理成了23.4万字的专著《文学活动的美学阐释》(陕西人民出版社1989年版)，书中运用审美学的方法对文学活动的各个环节作了深入探讨；其核心在于，将文学理解为一个从社会生活、作家、作品到接受的一个动态过程，从而揭示文学的审美本质、文学创作的规律、文学作品的审美结构和文学接受的特点。该书广泛吸收了中西文学理论中的思想资源，形成了中西交融的特色。著名美学家蒋孔阳先生为此书写"序"，称之为"我国新时期的文艺理论，经过曲折的探索之后，所开出来的一朵花，所结出来的一个果"，"它不仅仅介绍某一个问题、某一个流派，而是把各种文学知识和文学流派综合起来，形成了一个比较完整的文艺理论体系"①。后来，此书被教育部推荐为全国研究生教学用书，更名为《文学活动的审美维度》，由高等教育出版社2001年修订后再次出版发行。

对于"专题研讨"课之妙处，作为童庆炳开山弟子之一的曹风深有体会："现在想来，当时的研讨活动，特别是研讨中的争辩是多么难得的学术交流和多么有力的学业促进。当时正值80年代中期，正是中国改革开放的关键时刻，随着国门的大开，国外的各种思潮流派不断涌进中国，五花八门的激

①蒋孔阳：《曲折探索后结出的果实》，见李春青编：《手握青苹果——童庆炳教授七十华诞学术纪念集》，广西师范大学出版社2005年版，第97页，第98页。

流冲击着中国的学术界，采取什么方式，如何尽快地了解和掌握西方的各种思潮和流派，如何鉴别和接受西方的各种思潮和流派，是当时的中国知识分子必须面临和思考的问题。专题研讨课无疑是最切合实际的最佳的方式，童先生选择了这最佳的方式来培养我们，促使我们带着问题，以探究的眼光阅读了大量的书籍，使我们学会了如何评判别人的观点和如何提炼自己的观点，让我们不知不觉进入了学术的领域。”①当然，“专题研讨课”这种全身心投入的授课方式让人很累很累，每次下课一回到家，童庆炳总是疲倦至极地半躺在沙发上，说话时直喘粗气，与上课时那个精力充沛的形象简直判若两人！但是，这并不重要。童庆炳回忆说：

> 最重要的是上课的感觉，这是一种快感、一种美感、一种价值感、一种幸福感、一种节日感、一种自我实现感……对了，我想起了小时候。有一次，在小溪里抓鱼，抓了好半天，一无所获，我感到失望；可突然手运来了，我终于抓住一条不算大的却看起来很肥美的鳜鱼。我的一颗幼小的心剧烈地跳动起来，我永远不会忘记那一时刻。我这一生遇到的倒霉事不少，幸运的是我经常上课，每上完一堂成功的课，都有抓住一条鳜鱼的感觉。②

“课外研讨”课即每月组织一次研讨会，在旧主楼七层中文系的会议室举行。中国当代著名作家周立波的儿子周小仪在北京师范大学求学期间，目睹了第一次研讨会的盛况：“记得第一次研讨会整个会场座无虚席，人声

---

①曹凤：《永远的感激》，见李春青编：《手握青苹果——童庆炳教授七十华诞学术纪念集》，第63 页。

②童庆炳：《我的“节日”》，见《苦日子 甜日子——童庆炳美学随笔》，上海人民出版社 2000 年版，第 64 页。

鼎沸。童老师随即宣布当天的议题。他的得意门生之一,当时就读博士的王一川作主题发言。那时王一川崇尚审美体验,所选术语都颇有诗意,诸如'林中空地''我思故我不在'等,极为蛊惑人心。另一博士生罗钢则反其道而议论之,争论十分激烈。童老师并不偏袒任何一方,最后作出精彩总结";"这场景到现在仍然历历在目,就像发生在昨天。当时我和同班同学柴玮坐在后排,看着师兄们侃侃而谈,好生羡慕;只恨自己才疏学浅,插不上话,也没有胆量发言……"周小仪的描述绘声绘色,他对研讨会的体味也极为深刻:"童老师把学术当宗教,只有理解宗教的幻境,才能明白那些讨论会就像是星期天上教堂做礼拜。那时人们为学术而学术,就像英国和法国的唯美主义者为艺术而艺术,所以还真能体会形式主义的真味。"①

陶东风是童庆炳众多弟子中最喜欢提问、也最喜欢与老师争辩的学生。为了一个学术问题,陶东风与童庆炳之间往往争论得面红耳赤,尽管彼此的分歧可能很大,童庆炳却从不因为弟子的"冒犯"而生气,相反却备加称赏,因为自己讲的一个观点通过这种争论而被学生消化了、发展了,受益的不仅是学生,还有自己。这就叫作"教学相长"吧。2002年,在纪念北京师范大学100周年校庆的一次活动中,童庆炳和陶东风一起被邀请到中央电视台。主持人问陶东风:"你觉得作为教师,童庆炳先生最可贵的品质是什么?"陶东风发自肺腑地回答:"善于培养学生的反思和质疑精神。"②

---

①周小仪:《我心目中的童庆炳先生》,见李春青编:《手握青苹果——童庆炳教授七十华诞学术纪念集》,广西师范大学出版社2005年版,第68页。

②陶东风:《坚持自我　包容他者——童庆炳先生印象》,见李春青编:《手握青苹果——童庆炳教授七十华诞学术纪念集》,广西师范大学出版社2005年版,第35页。

二、“严师益友”

如何对待自己指导的研究生呢？有的导师主张对学生宽松一些，有的导师主张对学生要严格要求。经过长期摸索，童庆炳主张对学生“宽严相济”，做学生的“严师益友”。

童庆炳对学生很好，那是有口皆碑的。他说：“在学生遇到困难的时候，譬如犯了一点什么小错啦，生病啦，失恋啦，家人出事啦，穷得揭不开锅啦，找不到工作啦……这时候你就得想尽一切办法，像一位父亲那样去帮助他或她。你得设身处地地为他或她着想，就当是你自己遇到的困难，甚至比你自己遇到的困难更认真地去对待。”

在2003年春夏之交的“非典”时期，有一场“非常答辩”，至今在北京师范大学传为佳话。由童庆炳指导的韩国留学生车泰根由于对情况缺乏了解而突然从韩国来到北京，请求进行博士论文答辩。在十分紧急的时刻，童庆炳一方面安排车泰根的生活，帮助他做好防疫和免疫的各项工作；一方面积极联系学校各部门和有关答辩委员，满足车泰根的答辩愿望。经过童庆炳的精心筹备，车泰根的博士论文答辩顺利举行，车泰根最终获得博士学位并及时回国。答辩在北京师范大学校内草坪上举行，无论是答辩人，还是答辩委员，人人都头顶骄阳，坚持完成了论文答辩的各个程序。

当然，一旦事关学术，如果学生不认真读书、不潜心研究、不努力写作，童庆炳决不含糊，决不容忍。可以说，这是他的伦理底线和价值标准。童庆炳不止一次地对自己学生说，读研究生，无论硕士生还是博士生，最重要的是写出一篇高质量的论文来；写作论文的过程，既能考验自己发现问题的敏感程度，也能检验出自己的知识积累；做论文与其说是在阐述某一个学术观

>>2003 年“非典”期间博士论文答辩会

点，毋宁说是在培养一个人的理论思辨能力，以及掌握学术研究方法的能力。从博士论文的开题报告到论文的写作、答辩的全过程，童庆炳的学生们都必须经受一个殚精竭虑、脱胎换骨的严峻考验。童庆炳认为，学位论文的写作是一个研究的过程，“过程性”很重要，他将这个过程高度概括为“进”—“出”—“进”三个阶段：

一“进”，是通过读书、调查，搜集资料，梳理资料，进入研究对象，务使研究对象烂熟于心。“在搜集材料的过程中，要采取‘无我’的态度，如果是观念先行，合我观念者取，不合我观念者舍，那么你掌握的对象是片面的，最后的研究结论也必然是片面的。”①这个“进”完成于对于资料的梳理，从中发现研究的“空白”点，继而提出自己发现的问题，寻找到亟待开拓的学术

①童庆炳：《治学小言：优良学风存在于过程中》，见《美学与当代文化讲演录》，广西师范大学出版社 2007 年版，第 303 页。

空间。

二“出”，是拉开一段距离，走“出”来审视业已掌握的资料，这样，研究对象的面目方能呈现出来。这个过程必须注意两点：一是语境化，即不是抽象地进行逻辑推理，而是把研究对象放回到原有历史文化语境予以考察、理解；这是一种“出”，它不是就事论事，而是力图在整体联系中理解部分的意义。二是研究问题的视点，即立足一定的角度形成观察对象的视野，提出某种新的理论与学术假设①。这是一个“有我”的过程，它考验一个人的全部才能与功力。

三“进”，是再一次“进”到研究对象中去，对材料加以处理，去粗取精、去伪存真，全力求证自己提出的假设，即“摆事实，讲道理”。“摆事实”从逻辑上讲叫作归纳论证，就是用个别的事实去支持一般性命题或观点；“讲道理”从逻辑上讲叫作演绎论证，就是使用大家公认的道理来推衍出个别的或特殊的结论。“摆事实”与“讲道理”必须结合起来，这是一个“证我”的过程，即证实“我”所提出的理论假设的论证过程②。

童庆炳指出，一个研究者只要认真地走完“进”—“出”—“进”的全过程，总会拿出研究的成果，其学风自然会得到人们的认可；否则，其研究只能是东拼西凑，堆砌材料，论点泛化，沦为无根的学问。童庆炳自己是这么治学的，指导学生时也要求他们这样努力，在“进”—“出”—“进”的过程中结出甘美的果实。他把自己的这一治学心得写成短文，发表在了《人民日报》上。

然而，由于每个人的禀赋不一，所下功夫的深浅也不一，每个人要走完

---

①童庆炳：《治学小言：优良学风存在于过程中》，见《美学与当代文化讲演录》，广西师范大学出版社2007年版，第303—305页。

②童庆炳：《治学小言：优良学风存在于过程中》，《美学与当代文化讲演录》，第305—306页。

>>2000 年与夫人曾恬在新加坡南洋理工大学

这个过程并不容易。于是,学生到了写论文的阶段,便是童庆炳最劳心劳力的时候了。他总是不厌其烦地一次次和学生讨论论文的核心论点以及大致的结构,一次次地给学生提供参考书目,一次次地询问学生论文撰写的进展情况,直至学生写完、把论文打印成册交到自己的手中。然后,他逐字逐句地看,边看边写意见或建议。在看论文和学生论文答辩的日子里,童庆炳的胃溃疡准要发作。看病去吧,时间已经很紧了;不管它吧,疼得受不了。这时他就一招儿:"快把雷尼替丁拿来!"童庆炳的夫人曾恬回忆道:

最让他恼火、且让我肝儿颤的事情,莫过于碰到他自己带的学生写的论文一改再改仍旧"拿不出手"。这种情况多数发生在读书不认真的学生身上。这会使我的老伴儿脾气变坏,失去耐心时他会粗暴地吼叫:"再改不好就别交来! 延迟毕业!"他这种"失常"的声音会把我吓得一哆嗦。可是,脾气发完后,他还是要绞尽脑汁地去帮助那个学生。但凡能达到水准线的,都不让"沉"下去。可要是真的不够起码水平,拖延个一年两年毕业是有过的,这他不会心软。要说奇怪也不奇怪,凡是被他批评、吼叫过甚至推迟毕业的学生,都不恨他。过了许多年,他们还想念他。①

北京大学的季羡林先生曾经说过，只有严格的导师，才能带出优秀的学生。这些被“吼叫”过甚至推迟答辩毕业的学生中，有的已是大学副教授、教授，有的已过“不惑”之年。不论男女，这些学生被童庆炳当众“吼叫”之后，或眼泪汪汪，或强忍忧伤，内心焦虑不已。这时候，童庆炳便耐心、细致地指导和帮助他们，提出许多中肯的、建设性建议。于是，他们将博士论文原来的写作方案推倒重来，反反复复地修改，一直改到实在无法再改，自身的全部潜力被彻底激发、挖掘出来为止。而这些学生一旦经过努力，论文质量有了进步时，总是能得到童庆炳的充分肯定和鼓励。

在丝毫不给“情面”的导师面前，学生在敬畏之余，除了奋然前行，还能有什么可选择的余地呢？对此，周小仪的感受非常深刻，他道出了童庆炳的弟子们共同的体会：“做童老师的学生不可有侥幸心理。特别是那一双明察秋毫的眼睛，让人无可逃遁。即使是多年后的今天，我仍然能感受到这种眼光的压力。拉康曾经谈到注视与自我建构的关系，说是那些飙车的人心中所感受到的是伟大赛车手的注视。我深以为然。我想我和师兄们会有同样的感觉，作出好学问，自然感到振奋；想偷工减料，就会觉得肩膀后面有人看着。他不在场，却有威力。”②

作为有着丰富经验的文艺学学科带头人，童庆炳以提携年轻人为己任，时刻关心年轻学生和教师的成长。他既是严师，又是益友。几十年来，童庆

①曾恬：《老伴儿》，见李春青编：《手握青苹果——童庆炳教授七十华诞学术纪念集》，广西师范大学出版社 2005 年版，第 93 页。

②周小仪：《我心目中的童庆炳先生》，见李春青编：《手握青苹果——童庆炳教授七十华诞学术纪念集》，广西师范大学出版社 2005 年版，第 67 页。

炳从没有因为学术见解不同而排斥过他人,也从没有因为学生在某些方面可能走到自己的前面而有所不满,他总是竭尽自己的全力支持晚辈们不断进步。

1993 年,在《东方丛刊》组织的“诗学大奖赛”中,王一川的论文得了一等奖,获奖金一万元;而作为导师的童庆炳,论文只得了三等奖,仅有奖金两千元。《东方丛刊》杂志社怕童庆炳不高兴,特意向他表示歉意。他在回信中表达了自己的欣慰之情:“哪里有比这样的事情更让我高兴的呢? 三个奖,我们师生就得了两个!”

2004 年,全国文联评文学批评奖,童庆炳的一篇文章得了二等奖;而学生陶东风、邹红同时得了一等奖。他为此感到无比兴奋:全国文联的一等奖是很难拿的,第一次评奖时给了北京大学的谢冕教授;陶东风和邹红都是自己培养的弟子,他们的获奖表明,学生在自己可能止步的地方更前进了几步,自己的思想在弟子身上显现出了强大的生命力,他们有着极大的发展空间——还有什么比这更让人高兴的呢?

2005 年 12 月 10 日,“文化诗学暨童庆炳学术思想研讨会”在北京师范大学举行,庆祝他七十岁生日和从教五十周年,来自各高校的近百位学者、同行以一次前沿的专业对话来纪念童庆炳教授的“节日”。我国著名的文学评论家、中国社会科学院何西来研究员指出,学术是有品格的,中国人讲学术历来是讲品格,讲格调的,童庆炳的人格是他学术上的一个重要支点。何西来说:

> 作为一个学者,童庆炳他长我几岁,应该称他为兄长,在人格上也是我的兄长。应当心仪的,是这样的人,他作为人站住了,作为学术他也站住了。刚才大家做了那么多的评价,我觉得最核心的应该是这个,

而他传给他的弟子们的，传给他的学生们的，我觉得最重要的也应该是这一点。……在长达半个世纪的学术活动当中，像童庆炳老师涉及这么多的领域，实在难得。他还搞创作，这次群众出版社出版了他的小说；他搞当代评论；除了文学（理论）以外，他又带戏剧方向的研究生；他的涉及面这么广，而他所研究的问题又是不一样的。在这些理论的背后，在这些创作的背后，都有一个大写的人。这就是童庆炳教授。我跟他交往这么多年，我觉得杜书瀛讲得很对，他说够“哥们儿”，我说够朋友，够一个中国人，够一个被人称为是时代的社会的良知的中国知识分子的人格……①

大学是有灵魂的。真正的“大学”不在于“大”，而在于“学”。1997 年，启功先生为北京师范大学题写了“学为人师、行为世范”的校训。启功先生曾这样阐释其含义：“所学要为世人之师，所行应为世人之范。”具言之，学，是指每位师生应具有的学问、知识和技能；学为人师，就是要使“学”能成为后学的师表。行，是指每位师生应具有的品行；行为世范，就是要方方面面，时时刻刻，都光明正大，能成为社会的模范。

辛勤的耕耘换来的是丰硕的收获

1987 年，黄药眠先生去世时，北京师范大学文艺理论教研室只有童庆炳一个正教授。童庆炳团结教研室同仁，从培养青年教师着手，壮大队伍。不到十年时间，形成了七位正教授和一批青年教师组成的完整的学术梯队。文艺学学科团队全体成员锐意创新，攻关一批批前沿性课题项目，推出了许多重大研究成果：1. 国家教委科研项目最终成果《中西比较诗学体系》（上、

①何西来：《最重要的学术人格》，载《南方文坛》2014 年第 1 期。

下卷）出版后，在国内外学界产生较大影响；2. 完成国家“七五”规划重点项目“文艺心理学研究”，出版系列著作 15 部，引起学界瞩目；3. 编写出观念更新的《文学理论教程》（1992 年）教材，至今仍被国内 500 多所高校广泛使用；4. 撰写出版具有开拓性的“文体学丛书”和“文艺新视角丛书”；5. 新世纪以来，出版了“中国古代文论的文化渊源”“中国文学理论现代形态的生成”和“文化与诗学”等系列丛书。这些研究成果在文艺学界引起了广泛关注，好评如潮。

2000 年，北京师范大学成立文艺学研究中心，并被教育部评为“人文社会科学百所重点研究基地”之一，童庆炳任文艺学研究中心第一任主任。现有校内专兼职研究人员 15 名，包括童庆炳、程正民、刘象愚、王一川、郭英德、王向远、李春青等一大批有影响的学者；同时还聘请罗钢、陶东风等著名学者为校外专职研究人员，聘请钱中文、张少康、尹鸿、高小康等著名学者为校外兼职研究人员，共同从事该中心的重大课题研究。2002年，经过评审，以童庆炳为学术带头人的北京师范大学文艺学学科被评为国家级重点学科。

>>2003 年童庆炳与文艺学研究中心核心成员在一起

童庆炳不仅培养了数以百计的硕士研究生，还培养出了文学博士研究生80余人——此外，还有全国各高校的高级访问学者如顾祖钊教授、邓新华教授、李旭教授、方锡球教授等多人，其弟子和再传弟子遍涉古今中西的各个研究领域和各个专业，他们中有的在某方面超越了童庆炳的研究视野，而这些都一无例外得到了他的激励和支持。当年，童庆炳享受着“得天下英才而育之”的快乐，而如今欣慰地看着后学的成长，他又感受到了“青出于蓝而胜于蓝”的幸福。为此，他由衷地说：“感激你们，我的学生，你们给我以安慰、愉快和自豪，并使我年轻起来，即使现在你们摆开架势与我争论，我也一样地为你们感到安慰、愉快和自豪，因为你们终于成长了。”①

迄今为止，童庆炳出版了各种著作30余部，发表论文近300篇。1985年获北京市“劳动模范”称号，十九年后（2004年），童庆炳再次获得北京市“劳动模范”的称号，并获北京市“先进党员”的称号，还被评为“全国优秀教师”，被任命为中央马克思主义理论研究和建设文学组首席专家（责任人）。2007年，童庆炳连任第二届教育部社会科学委员会委员。2008年，童庆炳被北京师范大学评选、聘任为“资深教授”，同时获聘的还有教育学院顾明远教授、历史学院刘家和教授和心理学院林崇德教授。他们不用退休，将为人民的教育事业服务终身！2014年9月9日上午，在我国第三十个教师节到来之际，中共中央总书记、国家主席习近平来到北京师范大学看望一线教师，向全国广大教师和教育工作者致以节日问候。习近平总书记亲切接见了童庆炳等资深教授和院士，总书记一听说童庆炳是莫言的导师，非常兴奋地谈起了文学，以至没了时间跟后面的几个老师握手……

①童庆炳：《人生七十感言》，见李春青编：《手握青苹果——童庆炳教授七十华诞学术纪念集》，广西师范大学出版社2005年版，第5页。

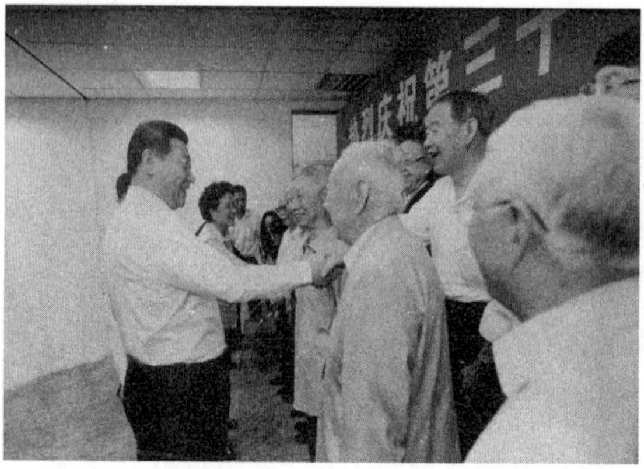

>>2014 年 9 月 9 日，习近平总书记与童庆炳亲切握手

在一次学术访谈中，童庆炳寄语中青年学子：

我们这代人已经在风雨中走过了我们的学术生涯，尽管我们也还可以贡献剩余的力量，但学术界的主力是中青年一代。我们寄希望于这一代，希望他们能够在前人的基础上有所进步、有所发展。我一直很推崇一句话，叫“有待乎内，无待乎外”。“有待乎内”，就是通过自己长期的研究，内心有所体会，有所收获，这是一种内在的收获，我觉得这是最重要的。“无待乎外”，就是做学术研究要能够正确面对外界一切，坦然面对风雨，淡然面对名利，不要等待外界给你什么。其实，外界给你什么，不给你什么，这都不是最重要的，或者说是很不重要的，重要的是内心的收获。朱自清说“只问耕耘，不问收获”，我说是“有待乎内，无待乎外”。①

正是有了内在价值的支撑，童庆炳抵挡住了各种外在的诱惑或干扰，无论外面的世界何等纷乱，他都镇定自若。“有待乎内，无待乎外”，这一人生格言表达了先生对弟子们殷切的期望。

2014 年，在编完《从审美诗学到文化诗学——童庆炳自选集》一书后，童

①童庆炳、黄春燕：《诗恋人生，诗性守望——童庆炳先生访谈录》，载《中文自学指导》2005 年第5 期。

庆炳写了《我的新时期文学理论研究之旅》一文，对自己的文学研究之路与学术之旅作了回顾与总结，并在此文结尾部分写道：

> 新时期过去了三十余年，转瞬之间，我已从中年迈入晚年。我从审美诗学起步，经过了心理诗学、文体诗学和比较诗学的跋涉，最后一站来到文化诗学。这就是我的新时期的文学理论之旅。回顾所走过的路，总觉得所做的太少，留下的遗憾太多，论文和著作的质量不能令人满意。我清楚知道，我离我的学术研究目标还有很大的距离，未能像某些大家那样达到那种令人神往的境界。但生命的火焰即将黯淡，我可能再做不了什么来补救了。遗憾将陪伴上天留给我的日子。我只能告诫我的学生：努力吧，勤奋地不倦地在文学理论这块园地里耕耘。要读万卷书，行万里路，永远和现实生活保持密切的生动的联系，把书本知识、创作实践和生命体验贯通起来，也许你们能在这块园地获得丰收。我从来不嫉妒学生。我希望你们成家立派。当你们像我这样年老的时候，回首往事，觉得自己的生命没有虚度，你们已经成功，达到了你们的老师没有达到的境界。那对我来说，就是最好的安慰了。①

2015 年 5 月 20 日，童庆炳先生为北京师范大学文学院师生上了一次别开生面的“党课”，题目是《做“四有教师”，为党和人民培育英才》。在讲台上，先生坦言：“我今年 80 岁了，我从始至终认为，我就是一名普通的教师。尽管我有很多著作，但是，我看重的第一位的东西就是，我是一名教师。”谈

---

①童庆炳著：《从审美诗学到文化诗学——童庆炳自选集》，首都师范大学出版社 2014 年版，第 18 页。

到自己培养的几十位博士生，先生骄傲地说："我培养的这些学生，没有一个是贪污犯，没有一个是腐败分子。这是我为他们感到骄傲的地方。我认为自己一生的意义之所在，就是我是这些学生的老师，我指引他们走向生活，走向社会，走向自己的职业岗位，而且他们在那里为人民为祖国为党做出了自己的贡献，这是我为之骄傲的事。"人们清晰感受到了一个"四有老师"真正的自豪！

三、作家眼中的理论家

在中国当代文坛，一般情况下，搞理论研究或评论的不能创作，搞创作的呢，无法作理论研究或评论，兼而能之者少之又少——这自然造成了理论家与作家之间略显"紧张"的微妙关系。作家通常不太把文艺理论家当回事，虽然出于功利性的宣传需要，他们的作品发表以后常"请"理论家帮自己鼓吹鼓吹，其实打心眼里尊敬或佩服的却寥寥无几。有的作家甚至声称自己从来不看理论家写的东西，说不看还明白，越看越糊涂了。理论家一般也对作家不服气，总觉得已然逝去的那些大师才是真正的作家。不过，有意思的是，理论家的成果水平如何，一般多由理论家来裁断，而极少由作家来品头论足。难怪有人非常形象地把作家和理论家比作一对总是吵架又总分不开的"夫妻"。童庆炳既搞理论研究（文艺评论），又搞文学创作，这在中国当代文艺理论界是比较少见的。童庆炳现任中国文艺理论学会顾问、中国中外文艺理论学会副会长、中国作家协会理论批评委员会委员，他在理论界和创作界之间穿梭，"如鱼得水"——这不能不归功于黄药眠先生当年对童庆炳的谆谆教诲。

黄药眠先生曾经问过童庆炳：你讲文学理论，讲概念、下定义，你知道哪些概念和定义对创作是有用的？哪些是用处不大的？童庆炳摇了摇头。黄药眠先生说，你应该去写写小说、写写诗歌和散文，不论写得怎样，你都会有体验；这样，讲课时就知道哪些概念是重要的，必须下大力气讲清楚，哪些概念是不太重要的，不必下太多功夫。在黄药眠先生的鼓励下，1980年，童庆炳与夫人曾恬根据听来的故事，加上几十年的生活体验，合作写了第一部10万余字的中篇小说《生活之帆》；同年7月，小说由人民文学出版社出版。

《生活之帆》由时任人民文学出版社的社长兼《当代》文学杂志主编的秦兆阳先生审稿，他对这部小说赞不绝口，认为是“伤痕文学”当中很不错的一部。“这是一部反映青年知识分子生活的中篇小说。作品以第一人称自述的手法、质朴无华的语言，生动细腻地描写了梁蓉蓉、穆长生相亲相爱，然而又是不幸的生活遭遇；同时塑造了社会的畸形儿——霍大明这种道德败坏、不择手段向上爬的人物，涉及现实生活中人们普遍关心的某些问题。”①小说第一次印刷了7万册，很快就销售一空，收到全国各地读者500多封来信。在全国各地工作的朋友们也纷纷来信祝贺，说“我们这里也升起了你们的‘帆’”！黄药眠先生看了小说以后说：“你看，你写得很不错嘛，写得很好嘛，我觉得你是很有希望的。”

1988年4月，上海文艺出版社出版了童庆炳的长篇小说《淡紫色的霞光》，它分上、下两部，讲的是两代人之间的代沟，是一部描写当代大学生活的小说。作品在广阔的生活背景上，展示了丛小华及其女友范小乔同他们前辈在思想性格上的冲突和差异，透射出两代人面对沉痛的历史教训和严峻的现实生活，共同去探求、去开拓、去进击的精神风貌。对父子之情、母女之情、青年男女的初恋之情，小说都写得自然宛转，真切感人，令人回味无

---

①童庆炳、曾恬著：《生活之帆》“内容说明”，人民文学出版社1980年版。

穷。著名文学评论家何镇邦一口气读完了这部长篇小说，写了《人间有真情——简评童庆炳长篇新作〈淡紫色的霞光〉》一文，盛赞这是“一部角度颇新的描写当代大学生生活和知识分子心灵历程的有新意有深度的长篇结构”，小说崇尚写实，“写情胜于写理”，“真切动人”。

2000年6月，上海人民出版社出版了童庆炳的散文随笔集《苦日子　甜日子》。这部集子前三部分是散文，分别抒写了自己童年时代生活、40余年北京生活的感受，以及在国外教学的一些经历和观感，第四、第五部分则是文论和美论的随笔。记得季羡林先生曾经说过，散文的精髓在于“真情”。在风雨沧桑几十年后，童庆炳“脱下了枯燥的理论大袍”，不像时尚的文化散文那样兜售所谓的文化知识，而是以亲切、酣畅的笔墨，平实地讲叙自己对生命的感悟，语言娓娓动人，结构浑然天成；这些洋溢着生命诗美的佳构，一如童庆炳的长篇小说，情真而辞切，让人读了怦然心跳、情感涌动以至热泪盈眶。

作为作家型的文艺理论家，童庆炳对人生有着非常独到的理解：“人生的全部在你感性与理性全部展开的过程中。你能忍受贫苦，你也能享受富有，没有体会过贫苦的人不是真正的人生。你能够哭泣，也能够欢笑，不曾哭泣的人不能体会真正的人生。你尝过挫折和失败的痛苦，也有过成功的喜悦，没有尝过挫折和失败的人也不能领略真正的人生。你能够在黑夜中坚守，也能在阳光下劳动，没有尝过黑夜中坚守的人也不能领略真正的人生。你能欣赏春天的美景，也能忍受冬天的严寒，没有经过严冬的人不能体会真正的人生。你有清醒的理智，也有丰富的感性，没有理智的人也不是真正的人生。啊，人生的全部就是你是否尝遍了生活的甜、酸、苦、辣，是否经历了风、霜、雨、雪，是否体验了阴、晴、圆、缺！”①正是基于对人生真谛的这种彻悟，童庆炳合理地对待理论研究（评论）和文学创作的关系。在他看来，理论研究和文学创作是两种不同的社会分工，不存在高低贵贱之分，也不存在谁依靠谁的问题，但是，他们合作共同产生了意义；这些意义都源自同一个普遍的时代精神，都是对于时代的认识；不同在于，理论研究（评论）是一种哲学的、社会学的认识，而文学创作是一种直感的认识，理论家创造的世界与作家、艺术家所创造的世界同等重要。童庆炳认为，越是名作家、名艺术家的创作就越要对其进行严格的批评，因为这些作家、艺术家有广大的读者，他们影响很大，读者对他们期待很高，所以评论家不但要对艺术负有责任，而且对社会负有不可推卸的责任。为此，评论家必须拥有自己的生活信念、社会理想和文学理念。

1988 年秋天，北京师范大学研究生院与中国作家协会鲁迅文学院联合举办首届文学创作研究生班。童庆炳和鲁迅文学院院长周艾若被任命为这个班的班主任，何振邦和凌慧娟为副班主任。除了为这个班设计课程、延聘讲课的教师和辅导创作的导师之外，童庆炳还亲自为这个班的学员讲课，给这个班的学生开设了“创作美学”课程。首届文学创作研究生班的学员中，有莫言、刘震云、余华、毕淑敏、迟子建、严歌苓、岛子、刘毅然、刘恪、李本深、徐星、千华、萌娘、路远、亚子、肖亦农、白冰、何首巫等 40 余人。其中，莫言、刘震云等人在当时就已成名，其他的大多数则在学习期间起步，在毕业后才逐渐成了“大腕”作家。面对学员中的这么多“能人”，童庆炳之所以敢讲“创作美学”，就是因为自己有创作的体验，所讲的不是枯燥的理论，而是渗

---

①童庆炳：《人生七十感言》，见李春青编：《手握青苹果——童庆炳教授七十华诞学术纪念集》，广西师范大学出版社 2005 年版，第 7 页。

透了自己创作体验的“创作美学”。童庆炳从1988年秋开始认真准备讲稿，无论是对所讲的题目，还是对具体内容的阐述，他都深入地思考，颇下了一番功夫——“创作美学”的讲稿写了满满五个硬皮笔记本。

童庆炳从1990年3月开始上“创作美学”课程，每周四节，共十六次，即十六讲。他对所讲的问题都力求做到既有根据，又有新见；既讲中国自己的文学理论，也讲西方的现代文学理论；既讲理论，也分析作品；既介绍别人的观点，也谈论自己对生活的感悟；既分析大作家的作品，也分析学生已发表的习作——如结合主要理论观点透辟分析过莫言的《红高粱》、刘震云的中篇小说《新兵连》、毕淑敏的中篇小说《昆仑殇》，等等。他们虽然能写出好的作品，但不能解释哪个地方写得好、写得好的原因是什么、符合了文学理论的什么规律。童庆炳在课堂上分析这些作品时，作家们听得两眼发光，津津有味。“创作美学”课程深深吸引了文学创作研究生班四十多位学生，几乎无人缺课。据何镇邦的回忆，童庆炳每次上课，简直就是研究生班的节日，学生们那种聚精会神听课的态度是别的课少见的①。童庆炳能够受到那些惯于挑剔又常常自负、藐视理论家的作家的如此礼遇，近乎不可思议。但这是事实。

余华是当代作家中思辨与感受兼长的一位，他对童庆炳的“创作美学”课程印象非常深刻。他说：“童老师的课之所以吸引我们，我想主要有两点：第一点是童老师的教学风度，童老师上课时从来不是强加给我们什么，而是用一种与学生讨论的方式上课。这不仅仅是我们班的学生这样认为，童老师其他的学生在毕业以后，也时常会和我谈起童老师平等待人的学术作风。第二点是童老师的学术风格，在我印象里童老师讲创作美学时，从来不说大

①童庆炳著：《维纳斯的腰带——创作美学》“序二”，上海文艺出版社2001年版，第4—5页。

话和空话，而是以严谨的逻辑和独特的感受吸引我们。这也正是童老师的学术基础，清晰的思辨和丰富的感受相结合；因此上童老师的课，我们不会因为过多的思辨缺乏感受而感到枯燥，也不会因为感受太多缺少思辨而感到凌乱。"①

>>2006 年莫言返校，与恩师合影

毕淑敏当时是国内著名的女作家之一，她从不缺课，是童庆炳记忆中最好的一个学生。在听童老师讲课时，她"常常泛起情不自禁的感动"，甚至将自己"弃医从文"的经历与童老师的课联系在一起。她说："……童老师的课程，在我这一学生的人生道路选择和转变的过程中，起了重大的促进作用。我看到了一位杰出的文艺理论家的风度和修行，我被他对文学的执着和献身所激励。他使我感到了文学的美丽和魅力，使我在学习的过程中，渐渐地充实和自信。"在毕淑敏的眼中，童先生"把枯燥的文艺理论讲得流光溢彩，闪烁着湿润高贵的人性光芒。他以深刻的学养为经纬，在严谨的学术框架中，将各种生动的例子随手拈来，如同精致的小品，点缀在精工细作的博古架上，既浑

①余华：《思辨与感受结合》，见童庆炳著：《维纳斯的腰带——创作美学》"序三"，上海文艺出版社 2001 年版，第 11 页。

然一体，又处处生辉。”她还说：“只有真正的学者，才能将理论作这般大智若愚的表达，背后是举重若轻的内力和一种对文学的雄浑参透。”①

当然，逃课的情况偶尔也会发生，比如莫言。但他十余年后回忆起来后悔不迭，说“逃童老师的课”是“一个重大的遗憾”。莫言坦言：“一般地来说，研究创作美学的书与作家的创作不会发生什么关系，作家更不会用创作美学来指导自己的创作。当年我之所以逃课大概也是存有这种心理。但在我毕业之后十几年的创作生涯中，逐渐地感到当初的认识是肤浅的。作家固然不是在学了创作心理美学之后才会创作，但一个已经有了一定的创作实践的作家了解一点创作心理美学，对于他今后的创作肯定是很有帮助的。我记得童老师在讲授‘形式情感和内容情感的互相冲突和征服’时，曾经举俄国作家蒲宁的小说《轻轻的呼吸》为例，来说明文学的内容和文学的形式之间的对抗所产生的审美愉悦。当时我就很兴奋，似乎感受到了一种伟大的东西，但朦朦胧胧，很难表述清楚。十几年来我经常地回忆起这堂课，经常地想起蒲宁这篇小说，每次想起来就产生一种跃跃欲试的创作冲动。我一直也弄不明白这堂课为什么让我如此难忘，直到近两年来，在我又一次进入了一个创作的旺盛期后，才省悟到，童老师这堂课里，实际上包含了一个小说秘诀，那就是：轻轻地说。”②

2012 年，莫言荣获诺贝尔文学奖。2013 年 1 月 22 日，莫言被聘为北京师范大学文学院教授，他在受聘仪式上说，老师就是老师，学生就是学生。在学生困难的时候，挺身而出；在学生取得荣誉的时候，退到身后。正是童

①毕淑敏：《学者的天真》，见童庆炳：《维纳斯的腰带——创作美学》“序三”，上海文艺出版社 2001 年版，第 12—13 页。

②莫言：《轻轻地说》，见童庆炳著：《维纳斯的腰带——创作美学》，上海文艺出版社 2001 年版，第 9—10 页。

庆炳先生的鼓励帮助，自己得以完成硕士论文，可以在书的扉页上，写上自己是北师大文艺学硕士。莫言说“在学生困难的时候，挺身而出”，这里包含一个故事：1988 年，莫言在学习期间跑回山东高密给家里修房，逃了四周的课。童老师上的“创作美学”课也没有来，何镇邦老师打电话把莫言叫回北京。有的老师扬言要开除莫言的学籍，莫言紧张地来到童老师家，主动承认错误，表示愿意改正。童老师安慰他说：“开除一个学生是容易的吗？你的学籍在北师大，北师大开除一个学生要校务委员会通过。你放心好了，我给你顶住，你改正了，就没问题了。”由于童老师的支持和帮助，莫言顺利完成了毕业论文的撰写、答辩，拿到了北师大颁发的硕士学位。

莫言获诺贝尔文学奖的消息传来，童庆炳特别低调，拒绝任何记者的采访，也拒绝写文章。在童庆炳看来，这是莫言个人不懈努力的结果，是莫言创作才华横溢的表现。童庆炳说，自己非常喜欢毛泽东的这句诗：“待到山花烂漫时，它在丛中笑。”莫言获奖后给童庆炳写了一封信，信中说：“获诺奖确实像件大事，但绝没大到媒体渲染的程度。等尘埃落定之后，真正能够让一个作家青史留名的还是作品，对此我十分清楚。”作为莫言的导师，童庆炳此刻心里所有的就是“欣慰”二字而已①。

童庆炳与他的作家学生的关系打破了人们心目中关于理论家与作家关系的模式化理解。我们应该如何研究与讲述文学理论？特别是如何研究与讲述关于文学创作的理论？可以说，童庆炳为我们提供了极好的范例。

2015 年 6 月 14 日，天空洁净，碧蓝如洗，在“征服”金山岭长城（河北省承德市滦平县境内）的归途中，童庆炳先生心脏病突发，抢救无效，18 时 18

①参阅安琪：《上课是人生的节日——北京师范大学童庆炳教授访谈》，载《教师月刊》2013 年第 9 期。

分逝世于北京，享年80岁。施恩如雨、温润如玉、挺拔如松、通达如桥、坚硬如钢的导师猝然离去，没有丝毫心理准备的弟子们为之愕然、怅然。王一川叹息道："我一生的'人师'走了。"陶东风说："那一刻，我知道自己生命中的一角崩塌了。我不再是原来的我。""现在才知道，这几天北京的天为什么突然碧蓝如洗，原来她要迎一个清洁的灵魂归去。现在才知道，云为什么这么美，因为这是为你准备的坐骑。"

童庆炳先生去世后，刘云山、刘延东、袁贵仁等领导同志以不同方式表示哀悼，向其家属表示慰问。教育部、中宣部、中国文学艺术界联合会、中国文艺评论家协会、中国作家协会、福建省人民政府、中共福建省委宣传部、中国社会科学院文学研究所、《文学评论》编辑部等单位以及北京大学、新加坡新跃大学等国内外近400所高校敬献了花圈。

>>2015年6月18日，莫言送先生最后一程

6月18日上午9时许，八宝山革命公墓庄严肃穆，哀乐低沉萦回。北京师范大学党委书记刘川生，校长董奇，党委副书记刘利，副校长杨耕，校长助

理陈丽、张强等校领导,著名作家、诺贝尔文学奖得主莫言等文艺界学者与作家,北京师范大学师生,童庆炳先生的亲属、学生和生前好友共千余人参加了遗体告别仪式。

童庆炳先生的追悼会在八宝山殡仪馆东礼堂举行,前来送行的社会各界人士络绎不绝。吊唁厅内,童庆炳先生身上盖着党旗,躺在鲜花丛中,背后的大屏幕上,来回切换着他生前的照片。教育部部长袁贵仁,中国作协主席铁凝以及莫言、王蒙等敬献的花圈,也都立在一旁。莫言敬献的挽联上写着:"敬爱的童老师,安息。"

在第一批吊唁者中,莫言身着白衫黑裤,神色凝重,先是三鞠躬,后移步到授业恩师遗体旁时,又鞠了一躬。离开吊唁厅后,他的眼眶已经湿润。接受媒体群访时,莫言说:"童庆炳第一学术上是一个严肃的学者,第二是个宽厚仁慈的长者,他的突然离去,让我们这些曾经受过他恩泽的学生们,心里边感到很沉痛。"就他个人而言,莫言说,恩师对自己一直很照顾、很爱护,大到创作方面,小到生活方面都给过很大的关怀和关切,"本想着过两天找老师聊一些学术方面的事情,没想到这么突然离开"。

最后,童庆炳家人、亲属向遗体告别。童小溪伏在父亲胸前,抚摸着父亲的脸,低声说道:"一路走好。"接着从电脑包里面取出一沓宣纸、毛笔、钢笔和眼镜等,放在父亲身边两侧……

"方而不割廉而不刿夫子人格宜为天下楷,仰之弥高钻之弥坚先生学识堪称百代师。"这副挽联悬挂在吊唁厅大门上,它寄托了大家对童庆炳先生的哀思,也是对这位中国文坛"教父"、文艺学"泰斗"之人格与学识极为恰当的评价。

童庆炳先生从教60年,将全部生命都奉献给了学术和学生,先生的精神一定会薪火相传,发扬光大!

师魂永在!

第四章 创构“审美诗学”

理论只要彻底，
就能说服人。

——[德]马克思

一、“审美的转向”

马克思指出:“一切划时代的体系的真正的内容都是由于产生这些体系的那个时期的需要而形成起来的。”① 在谈到中国近现代文艺思想的发展时，著名美学家李泽厚认为:“每个时代都有它自己中心的一环，都有这种为时代所规定的特色所在。……在近代中国，这一环就是关于社会政治问题的讨论……把注意和力量大都集中投放在当前急迫的社会政治问题的研究和实践活动中”,“政治斗争始终是先进知识群兴奋的焦点”②。

20 世纪 70 年代末到 80 年代初，当政治体制、经济体制的改革旋风般席卷中国大陆之时，我国文坛也发

①[德]马克思、恩格斯著:《马克思恩格斯全集》第 3 卷，人民出版社 2002 年版，第 544 页。
②李泽厚著:《中国思想史论》下卷，安徽文艺出版社 1999 年版，第 825 页。

生了剧烈震荡与重大转折，文艺思想和文学思潮此起彼伏，各种新思想、新观念纷至沓来。浸染在这样的时代氛围里，步入中年的童庆炳意气风发，如饥似渴地接受和探寻着新的知识。对于当时的历史文化语境，童庆炳作了精要的描述：

> 当新时期开始之际，对于文艺学界来说，所面对的是"文革"时期留下的"文艺是阶级斗争的工具"一套僵硬的理论和口号。文学理论的泛政治化、泛哲学化是当时最为严重的问题。诚然，文学理论是有政治性的，是必须以一定的哲学为基础的，但单一政治的或哲学的对文学问题的解决，把文学仅仅说成是政治斗争的风雨表，是社会生活的形象反映，并不能解决文学自身的种种复杂问题，尤其不能揭示文学固有的特征问题。文学理论是做政治的附庸，还是要寻找自己的学理的园地，成为当时在这一领域工作的人们必须作出的选择。我认为新时期的文艺学建设就是从这种选择开始的。[①]

---

①童庆炳著：《文学审美特征论》"自序"，华中师范大学出版社2000年版，第1页。

在百废待兴、万象更新之际,文艺理论界首先对文艺的属性及其本质进行了检讨、批判和讨论,呼吁为文艺"正名",摆脱"文艺从属于政治"的思想束缚,让文学回归自身。

1979年,上海的《戏剧艺术》第1期和《上海文学》第4期分别发表了《工具论还是反映论——关于文艺与政治的关系》和《为文艺正名——驳"文艺是阶级斗争的工具"说》,在学界引起了强烈反响;同年,《上海文学》第7期发表了《坚持无产阶级的党的文学原则——"文艺是阶级斗争的工具"不容否定》,发出了反对的声音。这场"为文艺正名"的讨论,其实质是如何看待和理解文艺与政治的关系这一核心问题。后来,讨论逐步扩展、集中到对"文艺是阶级斗争的工具"的"文艺从属于政治""文艺为政治服务"这三种主导观念的辨析。在争论双方难决高下的情况下,1979年10月,在"中国文学艺术工作者第四次代表大会"上,邓小平同志发表"祝辞"说:"党对文艺工作的领导,不是发号施令,不是要求文学艺术从属于临时的、具体的、直接的政治任务,而是根据文学艺术的特征和发展规律,帮助文艺工作者获得条件来不断繁荣文学艺术事业……"①不久,邓小平同志更明确地指出,以后不再提"文艺必须从属于无产阶级政治""文艺必须为无产阶级服务"的口号②。1980年7月26日,《人民日报》发表社论,提出"文艺为人民服务,为社会主义服务"。1981年、1982年周扬、胡乔木相继发表讲话,围绕文艺与政治关系问题,做出了详尽的阐述③。至此,文艺与政治关系问题的讨论由政治话语的裁断而结束。

---

①邓小平:《在中国文学艺术工作者第四次代表大会上的祝辞》,见《邓小平论文艺》,人民文学出版社1989年版,第9页。

②邓小平:《目前的形势与任务》,见《邓小平文选》第2卷,人民出版社1983年版。

③周扬:《解放思想,真实的表现我们的时代》,载《文艺报》1981年第4期;胡乔木:《当前思想战线的若干问题》,载《文艺报》1982年第5期。

那么,在不再提"文艺从属于政治"和"文艺为政治服务"的情况下,如何用学术的话语来阐释文学呢?在整个20世纪80年代,为了从学理上深入探讨文艺本质问题,学界普遍把文艺的审美特性纳入到文学反映论之中。如蒋孔阳、钱中文、王向峰、孙子威、胡经之、王元骧、童庆炳、杜书瀛、陈传才、畅广元、王先霈、孙绍振等文学理论家,都力图从"审美"或"情感"这一视角立论,力图给文学一个崭新的界说。美学家李泽厚也认为,文学艺术的本质特征和作用,"不只在给人一种认识而已,它毋宁是给人一种情感力量","情感性比形象性对艺术来说更为重要。艺术的情感性常常是艺术生命之所在"①。从认识论到情感论,其中已然蕴含了"审美反映"论的萌芽。因此,在80年代初、中期,中国的文学理论经历了一次"审美的转向",童庆炳是其中重要的理论拓荒者之一,而且他的理论探索一直持续到现在。

文学的基本特征问题是文学理论中的一个根本问题,它直接影响着文学创作实践。新中国成立以后的文学理论几乎全是从反映论出发的,都认定文学是社会现实生活的反映,用形象反映生活是文学的根本特征;文学的反映与科学的反映在内容上相同,所不同的只是文学用形象来反映,科学则是用逻辑、三段论来反映生活。这一文学"形象特征"说成了不容置疑的"定律"。20世纪80年代初,童庆炳对这一"定律"提出了质疑。1981年,童庆炳发表的《关于文学特征问题的思考》最有代表性。童庆炳追根溯源,发现文学"形象特征"说源于俄国19世纪文学批评家别林斯基的一段话:"……人们看到,艺术和科学不是同一件东西,却没有看到它们之间的差别根本不在内容,而在处理特定内容时所用的方法。哲学家用三段论法说话,诗人则用形象和图画说话,然而他们说的都是同一件事。政治经济学家被统计材

①李泽厚著:《美学论集》,上海文艺出版社1980年版,第282页、第563页。

料武装着，诉诸读者或听众的理智，证明社会中某一阶级的状况，由于某些原因，业已大为改善，或者大为恶化。诗人被生动而鲜明的现实描绘武装着，诉诸读者的想象，在真实的画面里面显示社会中某一阶级的状况，由于某些原因，业已大为改善，或者大为恶化。一个是证明，另一个是显示，可是他们都是说服，所不同的只是一个用逻辑结论，另一个用图画而已。”①童庆炳指出，别林斯基关于艺术和科学的区别不在内容只在形式的理论，实际受到了黑格尔“美是理念的感性显现”这一唯心主义观念的影响，与其论著中其他唯物的或辩证的观点——如，形式“并不是外在的，而是它自己所特有的那种内容的发展”等——有着深刻的矛盾。在童庆炳看来，“文学为政治服务”这一口号，其最深的根子就扎在别林斯基的文学“形象特征”论中。童庆炳进一步指出，艺术和科学之间在内容上的各自特征是根本性的，而他们在形式上的特征则是由此而派生的，因此，对文学特征的确定首先应从文学反映的对象和内容的特征入手。童庆炳认为，“文学的独特内容是规定文学基本特征的最根本的最主要的东西”；他不满足于文学是“人学”、文学反映的是人的生活这样一些笼统的说法，而要进一步弄清楚文学反映的是“怎样的生活”。童庆炳提出：

> 文学反映的生活是人的美的生活。人的整体的生活能不能成为文学的对象、内容，还得看这种生活是否跟美发生联系。如果这种生活不能跟美发生任何联系，那么它还不能成为文学的对象。文学，是美的领域。文学的对象和内容必须具有审美价值，或是在描写之后具有审美

---

①[俄]别林斯基：《1847年俄国文学一瞥》，满涛译，见伍蠡甫主编：《西方文论选》下卷，上海译文出版社1979年版，第390页。

价值。美并不单纯是客观事物的属性，它跟审美主体的主观作用有密切关系。什么是美的生活，什么是不美的生活，什么生活可以进入作品，什么生活不能进入作品，是一个极其复杂的问题。但文学创造的是艺术美，艺术美来源于生活美，因此只有美的生活才能成为文学的对象的道理，却是容易理解的。诗人们歌咏太阳、月亮、星星，因为太阳、月亮、星星能跟人们的诗意感情建立联系，具有美的价值；没有听说哪一首诗歌吟咏原子内部的构造，因为原子内部的构造暂时还不能跟人们的诗意感情建立联系，还不具有美的价值。诗人吟咏鸟语花香、草绿鱼肥，因为诗人从这些对象中发现了美；暂时还没有听说哪个诗人吟咏粪便、毛毛虫、土鳖，因为这些对象不美或者说诗人们暂时还没有发现它们与美的某种联系。①

这里有三个要点：首先，文学反映的生活是人的整体的生活；其次，文学反映的生活是人的美的生活；再次，文学反映的生活是个性化的生活。有论者指出："现象与本质统一的整体性和作家情感、精神与生活融合的个体性，实质上就是形式与内容、主体与客体、个性与共性融合的文学的审美特征，而审美性更是文学创作的结果或追求的目标。所以，他（童庆炳）实际上是从一种审美论的观念出发来对文学反映论做进一步规定的，由此作出的关于文学特征的界说实际上就隐含着对文学的审美定性。"②这是新时期文学观念即将转向的先声。《关于文学特征问题的思考》一发表即受到了当时文论界的广泛重视，由许觉民、王元化分别主编的前后两部《中国新文艺大系》

①童庆炳：《关于文学特征问题的思考》，载《北京师范大学学报》1981年第6期。
②杜卫：《从反映论到审美反映论的发展和意义》，载《浙江社会科学》1998年第5期。

>>1983 年在山东长岛

的"理论卷"都收入了这篇论文。

1983 年，童庆炳又撰写了《文学与审美——关于文学本质问题的一点浅见》[①]，指出既有的文学理论基本上是哲学基本原理的套用，并没有进入自己固有的特殊的审美领域；只有引进"审美"的观念，文学理论研究才有可能打开新的局面。为此，他分别深入地研究了创作客体和创作主体的审美属性问题。童庆炳援用价值论的观点，并与哲学认识论的观点相结合，指出文学艺术的对象和内容是交融了认识、道德、政治等价值的现实的审美价值；其中，"现实的审美价值具有一种溶解和综合的特性，它就像有溶解力的水一样，可以把认识价值、道德价值、政治价值、宗教价值等都溶解于其中，综合于其中"。童庆炳认为，审美的溶解，是"无痕有味"，"体匿性存"，就像盐溶解于水一样，好像是失去了盐的痕迹，看不见盐了，但只要尝一尝那水，是咸咸的，证明盐就存在于水中。童庆炳还发现现实的审美价值不会自动地转化为文学作品，它有待于创作主体的审美把握，即创作主体的感知、表象、想象、理解和情感的自由融合的心理过程；其中，情感的介入与否和介入的程度，是创作主体审美把握的关键。在一定意义上，可以说，创作主体的审美把握就是情感把握。"文学作为一种意识形态包括了巨大的认识因素，但构成文学之

①此文收入《美学文艺学论文集》，北京师范大学出版社 1986 年版。

所以为文学的充分而必要的条件，则不是认识而是审美。……很明显，文学区别于非文学的关键，就是它的审美特质。”童庆炳以“审美”为核心全方位、多角度地观照、把握文学，已然突破了传统反映论的认识论框架。

二、“审美特征”论

在当时学界多数人都认同文学的审美特性的情况下，基于对“认识反映论”的不满，童庆炳和一些同行提出了文学“审美反映”论。1984 年，在独立编写的《文学概论》里，童庆炳第一次以“审美特征”论颠覆、取代了“形象特征”说，提出“对生活的审美反映是文学的基本特征”“所谓审美，就是对美的认识和欣赏”“诗意的联系，就是审美因素”[①]等观点。“审美反映”从此成了文学理论教材的核心概念之一。

童庆炳非常清楚地意识到，自己进一步要做的工作，就是提出严谨的文学“审美特征”的学说。1986 年，童庆炳提出，“文学首先是美的领域，它要凝聚生活中富有诗意的东西”；“审美意义上的本质，即诗意的本质”；“所谓创作主体的审美把握，就是创作主体的感知、表象、想象、理解和情感的自由融合的心理过程……情感的介入与否和介入的程度，是创作主体审美把握的关键。从一定意义上看……创作主体的审美把握，就是情感把握”[②]。1986 年 12 月 2—6 日，全国高校第一届文艺学研讨会在海南岛海口市召开。这一盛会是在我国文学理论和文论教学转型的时期召开的，它“吹响了新时

---

①童庆炳著：《文学概论》上册，红旗出版社 1984 年版，第 65 页，第 47 页，第 52 页。

②童庆炳：《文学与审美——关于文学的本质问题的一点浅见》，见《童庆炳文学五说》，时代文艺出版社 2001 年版，第 31 页，第 42 页。

期高校文艺理论教学和教材改革的号角”①。在这次会议上，童庆炳提出，文学是人类审美体验的表现形式，文学的特质是审美，应当把审美作为文学理论的“家园”。然而，长期以来，文学理论成了政治理论、哲学理论、社会学理论。我们说文学是生活的反映，典型是个性和共性的统一，作品是内容和形式的统一，真实性是反映生活的本质和规律，这些都是充分哲学化的表达，只是解决了文学和其他意识形态的共性问题，回答不了文学的特性和艺术规律问题。他认为，文学理论应该有其自身的研究对象，应该执行自身独特的、审美的任务；文学是人类“审美体验”的表现形式，文学的特质是“审美”。在文学理论教材编写问题上，童庆炳认为，过去把“反映”作为逻辑起点，无法解释许多文学现象；把“感性”作为逻辑起点，也难以让人接受。他提出，文学是感性和理性的统一，应把“审美”作为逻辑起点；我们不必担心这会把文学和文学理论狭隘化，因为文学的审美因素总是以特殊的形式折射政治、道德等社会因素；作为一种“冶炼炉”，文学的审美因素完全可以“融解”其他各种社会因素②。

1987 年，童庆炳先后发表《文学真实性问题再议》《把审美作为文学理论的家园》和《论文学的结构原理及其审美心理学的根据》等一系列论文，把“审美”的视角应用于文学真实性、文学欣赏、文学结构等问题的研究中，深化了人们对于文学“审美特征”的认识。1988 年，童庆炳发表《文学的结构图式和“格式塔质”》，他运用“整体大于部分之和”的“格式塔”的、结构主义的和系统论原理，在文学内部诸因素的整体联系中把握文学的本质，认为

①程正民、程凯著：《中国现代文学理论知识体系的建构——文学理论教材与教学的历史沿革》，北京大学出版社 2005 年版，第 221 页。

②参阅《全国高校第一届文艺学研讨会简报》（大会秘书组编）第 1—8 期（1986 年 12 月 2—7 日）；《我国当代文学理论的走向和趋势——第一届全国高校文艺学研讨会发言摘登》，载《文艺报》1987 年 4 月 4 日。

“审美”是文学整体性结构关系生成的、一种形而上的新质。童庆炳指出，文学的本质就是文学的“格式塔质”，它蕴含在文学的结构图式中；文学的“格式塔质”既非再现性，也非表现性；既非情感性，也非社会性；既不是教育，也不是游戏；既不是价值，也不是符号……而是“审美”。在童庆炳看来，“审美在文学结构中不是以元素的形态而存在的，而是以文学结构中诸因素所建立起来的整体性关系而存在的。……审美作为文学的“格式塔质”实际上就凌驾于文学结构的各个元素之上，对各个元素起整合完形的作用”；“审美作为文学的“格式塔质”，虽不是文学结构中的一个单独的元素，却比单独的元素重要得多，正是它把一切非审美的元素整合在一起，使文学成为了文学”。

那么，何谓审美呢？童庆炳认为：“审美是主体与客体、个人与社会所缔结的一种特殊关系。……审美的根本功能是为了创造人的完整的精神生活，为了获得完满的人性，为了使人成为‘全面的人’。”①在他看来，“审美”或“审美体验”作为文学的“格式塔质”不属于具体的部分，却又统领各个部分，各个部分必须在它的制约下才显示出应有的意义。他说：“在审美的瞬间，人的以情感为中心的全部的心灵世界都打开了门窗，实现了完全的舒展、自由与和谐。在现实中的一切不可能，在审美的瞬间变成了一切都可能，在现实中人性的残缺，在审美的瞬间得以合目的性和合规律性的发展。而审美体验就使这种发展得到充分、具体的确证”；“审美场”是人的心灵的自由表现，它“所表现的审美体验是人的原本的、终极的生命体验，它是人性的一种潜能”②。

---

①以上参见童庆炳：《文学的结构图式和“格式塔质”》，载《北京社会科学》1988 年第 1 期。

②童庆炳：《论文学的格式塔质和审美本质》，见赵勇编：《在历史与人文之间徘徊——童庆炳文学专题论集》，北京师范大学出版社 2007 年版，第 34 页，第 40 页。

2000年，童庆炳发表《审美是人生的节日》一文[①]，再次重申文学中有一种东西"君临""统帅"一切，是文学之为文学的所在，它存在于文学的全部因素所构成的复杂的结构之中，这就是类似"言外之意""韵外之致""景外之景""象外之象"的文学格式塔。童庆炳指出，作为文学"格式塔"的"审美"，是人类的一种独特的必不可少的精神活动，它与人、人性的觉醒密切相关，是马克思说的"人的本质力量的确证"。在这篇论文里，童庆炳还从心理学的角度解释"审美"，指出审美是人们的一种体验，在审美体验中，人们暂时超越了周围纷扰的现实，升腾到一种心醉神迷的境界。正是在这个意义上，我们说审美是自由在瞬间的实现，审美是苦难人生的节日。在审美的节日里，人的感知、回忆、联想、想象、情感和理智等一切心理功能都处于最自由的状态，人的整个心灵都暂时告别现实而进入无比自由的境界。因此，审美以心理感官的无障碍为其标志，以情感上评价现实为其实质。最后，童庆炳提出，我们需要四个现代化，但我们还需要第五个现代化，那就是富于人文关怀的审美的现代化——这样我们才是真正意义上的人。2002年，童庆炳更是将"审美"约而言之为"情感的评价，也就是强调人的情感和他的情感世界在文学中的特殊意义，它的特性就在于诗意的、情感的去观照现实"[②]。

童庆炳对于"审美"的这一系列论说，大大充实了文学"审美反映"论的理论内涵。1986年，钱中文也提出文学"审美反映"论，他不但从根本上区别了一般的反映论与文学"审美反映"论，还从"心理层面""感性认识层面"和"语言、符号、形式的体现"等层面论说了文学"审美反映"论的特征[③]。1988

---

①童庆炳：《审美是人生的节日》，载《南通师范学院学报》（哲学社会科学版）2000年第1期。
②童庆炳：《关于文学理论、文艺学若干问题的思考》，载《文艺理论研究》2002年第4期。
③钱中文：《最具体的和最主观的是最丰富的——论审美反映的创造性本质》，载《文艺理论研究》1986年第4期。

>> 与王元骧、顾祖钊合影

年，王元骧发表《艺术的认识性和审美性》一文，从反映的对象、反映的目的和反映的形式等三个方面，对文学“审美反映”论作了非常具体深入的论说。他在对文学本质的论述中，确立了文学的特殊本质是审美反映，即文学是以审美情感与心理中介来反映现实。可以说，“审美反映”论是 20 世纪 80 年代学术界的基本思想和主要思潮，它为扭转当代文学政治化的倾向，重新建立文学研究的学理坐标，提供了非常宝贵的理论资源。

在新时期，存在着这样两种新文艺思想：一种是轰动式的，如“文学主体性”一经提出，立刻轰动文论界，引起热烈的讨论，但到后来，被后现代思想所压抑；另一种是累积式的，提出的时候似乎并不令人注目，似乎很平淡，但经过时间和实践的检验，逐渐为多数人所接受，成为一种学术潮流而历久不衰。童庆炳等人提出的文学“审美反映”论，就是属于后者。“审美反映”论发轫于20世纪70年代末80年代初对于文艺工具论的批判,以及对于文艺政治维度的反思,它在自律与他律的对立统一中,在内、外各种因素相互的交融中,贴近了文艺的本质,加深了人们对于文艺审美特性与意识形态性的认识。"审美反映"论的提出,动摇了以往所沿袭的前苏联文学理论模式,是新时期伊始一个重要的理论创获;它"不但恢复了长期以来被扭曲、篡改的反映论文艺观的本来面貌,而且克服了其全面政治化的偏向,给它注入了审美的新鲜血液,使反映论文艺观获得了新生。……从反映论到审美反映论是文学本质认识上的重大突破,它突出了文学自身的特质和规律,标志着文学研究向其自身的回归,并为走向审美意识形态论奠定了基础"①。

三、"文艺学第一原理"

作为新时期对于文学本质最为重要的认识,文学"审美反映"论偏重于在认识论的框架内来把握文艺的本质,而对文艺的意识形态属性这一涵盖面更广的性质则未予以充分重视。文学本质审美论的确立,引发了它与意识形态论的关系问题的论争。围绕这一问题,20世纪80年代中期又一次发生了文艺本质问题的论争,形成了三种代表性的观点:一是认为意识形态性就是文学的本质属性,二者同一;二是意识形态性是文学的本质属性之一,与其他本质属性并存;三是审美性才是文学的本质属性,意识形态性并非文学的本质属性②。经过1985年文学"方法"年、"观念"年的洗礼之后,随着讨论的深入,学界逐渐认识到,不能局限于从某个属性上去界定文学的本质,

①朱立元等著:《马克思主义文艺理论中国化研究》,经济科学出版社2009年版,第117页。
②参阅陈理宣:《文艺的意识形态性讨论综述》,载《文艺研究》1992年第2期。

必须用系统和综合的观点来整体把握，力图从一种更为宏观的视角来考察文艺现象，以推进对文学本质的理解和认识。于是，到了 80 年代中后期，学界提出了文艺作为审美意识形态的命题。

马克思曾在 1859 年的《〈政治经济学批判〉序言》中概括了历史唯物主义的基本原理，明确指出“意识形态的形式”（ideologischen Formen）包括“法律的、政治的、宗教的、艺术的或哲学的”（den juristischen, politischen, religiösen, künstlerischen oder philosophischen）等各种不同的“形式”。其中，“法律的、政治的、宗教的、艺术的或哲学的”这几个词，在德文中都是复数，“意识形态的形式”中的“形式”在德文中也是复数——这意味着这里的“艺术的”是一种泛指，既指文学艺术的具象创造，也指文学艺术的观念理念。马克思把艺术列入意识形态，“这在人类思想史、文论史上是一个重大的历史性发现”①。马克思关于文艺是“意识形态的形式”之一的提法，不但说明文学艺术与法律、政治、宗教、哲学等具有共同的一般的属性，而且也暗含着它和其他形式的意识形态相区别的意思。由此，便与文艺的特殊性问题相衔接、相统一了。实际上，马克思、恩格斯在不同层次、不同方面已涉及文艺的审美特性或特殊本质。如前面提到他们谈到文学是“诗意的裁判”，是对世界的“艺术的掌握”。

1984 年，钱中文发表了《文学艺术中的“意识形态本性论”》，他提出：“文学艺术固然是一种意识形态；但我以为是一种审美的意识形态：文学艺术不仅是认识，而且也表现人的情感和思想；审美的本性才是文学的根本特性，缺乏这种审美的本性，也就不足以言文学艺术。看来文学艺术是双重性

①吴元迈：《再谈文艺和意识形态的关系》，见李志宏主编：《文艺意识形态学说论争集》，吉林大学出版社 2006 年版，第 1 页。

>> 与钱中文合影

的。”①钱中文运用马克思主义的社会结构学说，即社会基础与上层建筑理论，尝试解决文学艺术的观念问题，较早地提出了文学“审美意识形态”论。1987 年钱中文发表了《文学是审美意识形态》一文，正式确认“文学是审美意识形态”，并作了翔实的论证②。

1988 年 2 月，高等教育出版社出版了由童庆炳主编的全国高等教育自学考试汉语言文学专业用书《文学理论导引》。在第一编“本质论”里，童庆炳从三个层次来探讨文学的本质特征：其一，文学作为一种社会意识形态，与其他社会意识形态有共同的本质，都是社会生活的能动的反映。其二，文学这种意识形态在内容和形式上有它的特殊本质：文学是一种审美意识形态，它以人的整体的、具有审美属性的生活为独特内容，以艺术形象为反映生活的独特形式。其三，作为语言艺术，文学又有区别于其他艺术的特征，

①钱中文著：《文学理论：走向交往对话的时代》，北京大学出版社 1999 年版，第 87 页。
②钱中文：《文学是审美意识形态》，载《文艺研究》1987 年第 6 期。

即艺术形象的间接性，描述生活的宽广性，蕴含思想的深刻性和语言媒质的韵律性。那么，文学的根本属性是什么呢？童庆炳指出："文学是一种审美意识形态，是对生活的审美反映。审美是文学区别于非文学的根本属性。审美是文学的特质。……审美是文学的必要条件、基本依据和特殊本质。文学之所以是文学，就在于它是生活的审美反映，文学的崇高目的是要按照一定的审美理想改造人的生活，使人的生活变得更美好。"他又说："通过艺术形象的形式，反映具有审美因素的整体的人的生活，对人产生审美教育作用，这就是文学作为一种特殊的审美意识形态的本质特征。"①显然，在"审美特征"论的基础上，童庆炳也把文学的基本界定从理论上扩展为"审美意识形态"论。

在 1992 年出版的《文学理论教程》中，童庆炳将文学"审美意识形态"论进一步系统化。他分别从"文学的一般意识形态性质""文学的审美意识形态性质"和"文学是显现在话语蕴藉中的审美意识形态"三个层面，阐述了文学活动的审美意识形态性质，提出："文学的审美意识形态性质是对文学活动的特殊性质的概括，指文学是一种交织着无功利和功利、形象与理性、情感和认识等综合特性的话语活动。文学的这种审美意识形态性质，实际上告诉我们，文学的性质不是单一的而是双重的：文学具有审美与意识形态双重性质。"②从此，绵延了半个多世纪的文学本质审美论与意识形态论两脉实现了融合，审美意识形态论成了新时期以来最有影响的文学本质观。

不难发现，童庆炳在探讨文学本质特征时，一再强调构成文学本质的元素是多元的，但"其中必有一种更根本的、更具决定性的"。马克思在《〈政治

---

①童庆炳主编：《文学理论导引》，高等教育出版社 1988 年版，第 45—46 页，第 69 页。
②参阅童庆炳主编：《文学理论教程》，高等教育出版社 1998 年版，第 49—75 页。

经济学〉导言》中指出，人类“掌握世界”的“方式”可分为“艺术的、宗教的、实践—精神的”的论点。文学、音乐、绘画、雕塑、舞蹈等艺术，都属于“艺术的”的“方式”——人类切入世界、掌握世界的一种方式；它与“宗教的、实践—精神的”的方式一样，具有根本的意义。所以，童庆炳主张把文学与其他艺术联系起来考察，认为文学与其他艺术都是审美意识形态，也就具有更根本的意义。正是基于此，童庆炳才提出了“审美意识形态论是文艺学的第一原理”的论断[①]。那么，文学“审美反映”论、“审美意识形态”论这个学说的基本内涵是什么呢？它们在理论上具有什么特点呢？

2006 年，童庆炳发表《新时期文学审美特征论及其意义》一文[②]，对此作了精要的总结性概括：

其一，文学“审美反映”论和“审美意识形态”论的整一性。“审美反映”和“审美意识形态”都是一个完整的概念，不是所谓的“审美”加“反映”，或“审美”加“意识形态”；它们是一个具有单独的词的性质的词组，不是审美与反映、审美与意识形态的简单相加或拼凑；它们本身是一个有机的理论形态，是一个整体的命题。因此，我们理解它们时，不能把它们切割为“审美”与“反映”，“审美”与“意识形态”两部分。“审美”不是纯粹的形式，是有诗意内容的；“反映”“意识形态”也不是单纯的思想，它是具体的、有形式的。“文学艺术作为审美意识形态是意识形态中一个具体的种类，它与哲学意识形态、政治意识形态、法意识形态、道德意识形态是有联系的，可它们的地位是平等的。……在常态时期，各种意识形态应该是相对独立的。文学审美反映论也应作如上的理解。”

---

①童庆炳：《审美意识形态论作为文艺学的第一原理》，载《学术研究》2000 年第 1 期。
②童庆炳：《新时期文学审美特征论及其意义》，载《文学评论》2006 年第 1 期。

其二,文学“审美反映”论和“审美意识形态”论是一个复合结构。从性质上看,它们是集团性与全人类共通性的统一。文学作为审美反映,作为审美意识形态,的确表现出集团的、群体的倾向性。但是,无论属于哪个集团和群体的作家,其思想感情也不会总是被束缚在集团或群体的倾向上。从功能上看,它们既强调认识又强调情感。文学是社会生活的反映,无疑包含了对社会的认识,但文学的认识总是以情感评价的方式表现出来,是与作家情感评价态度完全交融在一起的。从效能上看,它们既强调无功利性,又强调有功利性,是二者的交织。从方式上看,它们既肯定假定性,又强调真实性,是在艺术假定性中所显露的真实。

要言之,在文学“审美反映”论和“审美意识形态”论里,审美与认识、审美与意识形态,作为复合结构已经达到了合而为一的境界,如同盐溶于水,体匿性存,无痕有味。其中,“审美”沟通了文学中的各种构成因素,使艺术的各种功能发挥应有的作用。因此,“文学审美反映论和文学审美意识形态论的实质是:既超越政治工具论,又超越形式主义论。它在文学的内部与外部找到了一个结合点和平衡点,以包容文学的多样性、复杂性、辽阔性和微妙性”,而在理论上有较大的合理性,对文艺现象有较为普遍的可阐释性。

21 世纪初,陆续有些学者质疑乃至否定文学“审美意识形态论”,将文学“审美意识形态论”的理论建构看成一个偶然的“历史事件”,或贬之为“本质主义”,把它当作“过渡时期”的文学理论看待,否认其可能具有的一定的稳定性。所谓“审美的本质主义”,就是把审美的非功利性、文艺的自主自律性视作文艺的特殊本质或“内在本质”,而把文学的意识形态性、政治性、认识性和商品性等视作与“审美”对立的“外在性质”,在“审美”与“意识形态”

之间进行了一种二项拆分①……事实上,如上所述,从文学“审美反映”论到“审美意识形态”论,与这种“审美本质主义”根本就没有任何关系,更何况正如特里·伊格尔顿所指出的,本质主义是一种无伤大雅的信念,因为“事物是由某些属性构成的,其中某些属性实际上是它们的基本构成,以至于如果把它们去除或者加以改变的话,这些事物就会变成其他东西,或者就什么也不是。如此说来,本质主义的信念是平凡无奇、不证自明地正确的,很难看出有什么必要否定它”②。文学“审美反映”论和“审美意识形态”论是我国学者在总结了中国现代文学理论发展正反两方面经验之后,根据文学艺术的实际,披荆斩棘、沉潜研究后才提出的理论创见,并非突发奇想的产物,它们是立足现实与历史的理论创造。

在回应上述理论挑战的过程中,童庆炳指出,“文学审美意识形态”首先是就文学作为一种活动在社会结构中的地位来说的,并不完全指一篇篇的具体的文本的性质;但是既然文学活动具有审美意识形态性质,那么它就不能不在文学活动中的一环——文学文本——中体现出来。那么,“审美意识形态”能否在文学艺术文本的批评实践中得到检验呢?通过对《饮酒》和《红楼梦》第41回的文本分析,童庆炳指出,“意蕴”是“审美意识形态”与“文学文本”之间的“对应点”。如,《饮酒》写出了陶渊明独特的审美体验,这种体验延伸成了一种连结审美与意识形态的审美意识形态话语:它是审美的,其中有作者对自己所选择的生活方式的情感评价,并呈现出一种境界、一种美;它又是意识形态的,其中反映了作者对封建社会官场生活的对抗,反映了不同于世俗的隐士群体的愿望、思想、感情、理想和价值取向。在实际的

---

①陶东风主编:《文学理论基本问题》(第三版)“导论”,北京大学出版社2006年,第6页。
②[英]特里·伊格尔顿著,华明译:《后现代主义的幻象》,商务印书馆2000年版,第112页。

诗歌中，审美的和意识形态貌似相反，但又如此紧密地结合在一起①。童庆炳进一步指出，人类的实践有各种各样的形态，审美评价也是一种实践。审美可能从无功利出发经过实践却可以变成有功利，从无目的出发经过实践却变成有目的，从无意识发展变成有意识。审美虽然更强调作家个人的情感体现，但作家经过情感评价实践生成了审美意识形态，其个人的情感体验反映了人民的要求、愿望和理想。“审美意识形态”论不是人为的拼凑，而是审美在实践中生成审美意识形态，可以说“实践”是“审美”与“意识形态”结合的中介②。童庆炳的这些精彩论说，大大深化了文学“审美意识形态”论的理论内涵。

作为“文艺学的第一原理”，文学“审美意识形态”论是新时期以来马克思主义文学理论中国化的重要成果，它被目前国内最重要的二十余部“文学概论”教材及“美学概论”教材所采用。正如研究者所揭示的那样，“审美意识形态理论的提出，就是对审美反映论的发展、完善和提升，是新时期我国文艺理论在整体上取得的重要成就，并对此后文艺学的学科发展产生了深刻的影响”；“审美意识形态论不仅仅是新时期文艺理论对于文艺极端政治化、意识形态化反拨的结果，在某种程度上也是对肇始于20世纪初我国现代文艺理论意识形态论和审美论两脉的扬弃与重建，代表了新时期以来文艺理论建设和发展的重要成果”③。

总的看来，童庆炳以“文学审美特征”论为中心的“审美诗学”业已取得文学理论界多数人的共识，是新时期以来颇具现实感的理论创构。

---

①童庆炳：《审美意识形态与文学文本批评》，载《西南大学学报》2009年第5期。

②童庆炳：《实践是“审美”与“意识形态”结合的中介——对近期“文学审美意识形态论”质疑的三点回应》，载《文化诗学》2009年第2期。

③朱立元等著：《马克思主义文艺理论中国化研究》，经济科学出版社2009年版，第119—120页，第127—128页。

第五章　拓展“心理诗学”

唯一正确的结论并不是把违反心理学基本原则的艺术家批评一通，而是修正心理学的原则，使之服从艺术的事实。

——[美]A. 埃伦·茨威格

一、“心理学美学”

20 世纪 80 年代中后期，随着“文学是人学”的深入人心，以及文学创作中“人”的意识的不断张扬，文学理论的思考由对于人的一般肯定走向了对于“文学主体性”的理论论证。刘再复提出“文学主体性”理论，试图建构一个以人为思维中心的文学理论体系，但它带有明显的政治色彩，对主体性的理解也还不够成熟，论证也稍嫌粗疏。事实上，文学活动是审美主客体相互作用的审美创造。如何恰如其分地处理主客体关系，是一个亟待解决的问题。传统的文学认识论和反映论基本上倾向于客观性，即把文学理解为对于事物客观性特征的揭示，而有“题材决定论”的倾向。童庆炳基本赞同刘再复的“文学主体性”论，意识到“文学主体性”问题非常重要，但是认为研究不能囿于哲学认识论的范畴；为了使“文学主体性”更为具体化地展开，必须深入创作主体、接受主体的心理之中，揭示文学主体的心理的微妙运动。为此，他从拓展“心理诗学”即“文艺心理学”研究开始，以延续、深化“文学主体性”的论说。

在20世纪50年代中期，文艺界就已开始关注创作主体，当时大部分人从哲学的角度，以理论推理的方法论证创作主体、客体之间的关系。特别是50年代中期开始的“美学大讨论”，从对美和美感的言说中，人们已经接触到这个问题。黄药眠先生在50年代发表的美学和文学论文中，从创作实践和创作体验出发，真切感受到创作中创作主体的体验、情感、想象等因素的重要作用，提出必须重视创作主体的研究，重视创作过程的心理学研究，重视从心理科学方面去研究文艺理论。他说：“作者之所以创作这样的作品，而不创作那样的作品；描写这些现象，而不描写那些现象；喜爱这些东西，而讨厌那些东西，是受到当时的时代，当时的阶级关系的总的客观形势，和作者自己的阶级的立场所制约的。但同时，作家的创作是要通过作家个人的具体的感受，通过他个人的全部的生活经验和体验，通过他个人的全部的智慧来创造的。因此，我们对于作品，除了从社会科学这方面研究以外，还要从作者的主观世界去探索，探索出其中的客观规律。比方，在创作过程中最常见的如表象，如情感，如情感和想象的关系，等等。”①为此，黄药眠先生针对文学理论的研究和教学提出了四条建议：“第一，文学理论，不仅应该从社会科学方面去研究，而且也应该从心理科学方面去研究，更仔细地来分析文艺现象。第二，文学理论应该有独创，应该具有文学味道。第三，文学理论应该更多的讨论具体的文学现象文学创作。第四，文学理论不仅应该解释文学现象，而且也应该帮助创作，提高创作。”②从感性到理性、从实践到理论，这是黄药眠先生独特的学术个性和追求。黄药眠先生不愧为一个具有远见卓识的大理论家，他对于许多文艺理论问题的思考和学科建设的构想，都走在了时代的前列。可惜的是，在1957年的“反右”运动中，黄药眠先生被错划为“右派”分子，中断了他所挚爱的文艺学和美学的研究。从当“右派”到1980年平反，黄药眠先生已届77岁高龄，再也无力去完善和发展自己的学术思想。1987年，黄药眠先生去世后，童庆炳全面负责北京师范大学文艺学学科的建设重任，全力以赴地去完成先生当年未竟的事业，努力拓展心理诗学以发展文艺理论；同时也将文学主体性问题置于文艺心理学的论域加以展开，以求得深入的解决。

在童庆炳看来，“审美”是主体的情感评价，作为人的精神需要，“审美”有“初级形态”和“高级形态”两个层次：“初级形态”满足人的感官的需要，“高级形态”才满足人的情感的需要。“审美”的过程必须调动人的全部心理机制，如果人的心理机制不能全部敞开，或者说有心理障碍的时候，审美就无法实现。那么，主体在以情感评价对象的时候，其审美的心理机制是怎样的呢？童庆炳认为，研究现代文艺心理学是解决这个问题的必经途径。他

①黄药眠著：《黄药眠美学文艺学论集》，北京师范大学出版社2002年版，第285页。
②黄药眠著：《黄药眠美学文艺学论集》，北京师范大学出版社2002年版，第287页。

指出，在美学研究中，有三种研究，即“哲学美学”“社会学美学”和“心理学美学”；作为美学的一个分支，“心理学美学”着重研究的便是人在审美过程中的心理机制。

1986年，童庆炳申请到了国家社会科学基金“七五”规划重点项目“文艺心理学研究（心理美学）”。童庆炳和程正民带领丁宁、陶东风、李春青、蒋原伦、黄卓越、李珺平、陶水平、唐晓敏、陈向红、黄子兴、张云鹏、曹凤、金依锂、周帆等首届硕士研究生和王一川等博士研究生进入了现代文艺心理学美学的研究领域，形成了一个20余人的学术团队。童庆炳回忆说：“我说这是一个和谐的集体，并不是说我们在研究中对所有的问题都抱一致的看法，恰恰相反，争论甚至‘争吵’，几乎成了我们每一次讨论会的惯例。每一个人都想用自己的似乎是独一无二的发现，征服其他的人。然而我们的心灵是相通的，探求真理这一至高无上的目的把我们紧紧地联系在一起。”①就在这种反复“争吵”的研究过程中，“文艺心理学研究”这一团队提出了一个重要概念——“体验”。在童庆炳等人看来，文学艺术从根本上来说，是人的一种体验，对周围世界的体验，对自身的体验；科学是一种认识，而文学艺术是一种体验，体验和认识不一样，和经验也不一样，体验是比经验更为深层的一种东西。只有有独特体验的作家才能写出好的作品，世界上任何伟大的作家，他最终要靠他的独到体验来打动读者，而不是靠他对经验的叙述。

从1986年到1992年，童庆炳等人经过精心的研究，终于完成出版了14部书，即后来由百花文艺出版社出版的“心理美学丛书”：童庆炳的《文学创作与审美心理》、程正民的《俄国作家创作心理研究》、陶东风的《中国古代心理美学六论》、丁宁的《接受之维》、李春青的《艺术情感论》、唐晓敏的《精神

---

①童庆炳主编：《现代心理美学》“后记”，中国社会科学出版社1993年版，第692页。

创伤与艺术创作》、杨守森的《艺术想象论》、王一川的《审美体验论》、陶水平的《审美态度心理学》、黄卓越的《艺术心理范式》、李珺平的《创作动力学》、顾祖钊的《艺术至境论》、童庆炳等人的《中国古代诗学的心理学透视》和蒋原伦的《文艺批评心理》。这套丛书不知怎么走进了北京大学季羡林先生的书房。大概是1996年前后，当时在延边大学中文系任教的王文宏到季先生身边当高级访问学者，季先生在指导她文学研究的时候，推荐了童庆炳主编的这套书，给了很好的评价，尤其是对陶东风撰写的《中国古代心理美学六论》一书特别加以赞扬。季先生指着其中的一些篇章对王文宏说：这几篇写得十分出色，可以说达到了古今中西贯通的地步，这本书可以和一些大家的著作相媲美，文学理论按照这个路子走下去定大有前途；又说，陶东风这位年轻学者前景未可限量，能带出这样博士的导师也很了不起。后来经季羡林先生推荐，王文宏到了童庆炳门下攻读博士学位。

>>2001年在季羡林先生书房(左一为陶东风)

1990年，北京十月文艺出版社出版了由童庆炳主编的论文集《艺术与人类心理》，全书共分五章，即审美态度研究、艺术家心理研究、艺术创作心理研究、艺术作品心理研究和艺术接受心理研究。本书认为，心理学美学至少有两点不同于普通心理学。首先，普通心理学以人的一般心理现象为研究对象，而心理学美学是以人的特殊心理现象，即审美心理、审美体验为研究对象。其次，现代的普通心理学越来越向自然科学靠拢，在方法上力求定量化、定性化，并对研究对象采取价值中立的态度；而审美心理是带有主体强烈情感倾向和价值态度在内的、朦胧微妙、变幻复杂的心理活动，因此，普通心理学不能直接地揭示文学艺术的特质，不能不加以改造地运用到美学研究中来。为此，童庆炳开辟了"心理学美学"的研究领域，将美的问题置于研究的中心位置，从而与西方的文艺心理学区别开来。在童庆炳看来，心理学美学研究的对象是审美主体在一切审美体验中的心理活动，其中既包括艺术美的创作和欣赏中的心理律动，也包括自然美和社会美中的心理活动轨迹。由于艺术美是美的最高的和最集中的表现，所以，心理学美学研究的主要对象是艺术创作和接受活动中的审美心理机制。童庆炳强调指出，在心理学美学研究中，最值得尊重的是艺术事实，而不是普通心理学原则；心理学美学是美学不是心理学，普通心理学的方法必须经过改造之后才能运用到美学研究之中。因此，对现代心理学中凡符合艺术规律的观点和材料，或经过改造后符合艺术规律的观点和材料，都应该加以利用。

1993年，中国社会科学出版社出版了童庆炳主编的《现代心理美学》，这部56万字的专著是"文艺心理学研究"的最终成果。在"总论"中，童庆炳将"心理美学"这一术语与一般所说的文艺心理学进行了区分。大体上说，无论是在国内还是国外，文艺心理学在学科的归属上都是属于心理学的一个分支，因而在文艺心理学的研究中，常常也较多地存在机械套用普通心理学的概念、范畴与方法的情况；而童庆炳提出心理美学的概念的目的正是要打破这种局面。“心理美学”的中心词是“美学”而不是心理学，心理学只是研究时的一种视角，心理美学的研究不受普通心理学的局限。这样，可以防止将普通心理学的概念与方法机械套用到美学、文艺学中，宰割文艺活动的自身规律的现象。《现代心理美学》共十三章，分别研究了艺术家的体验生成与类型，文艺创作的心理动势、心理动力和心理规律，艺术作品的心理范式，作为艺术思维方式的技巧，接受主体的体验、接受反应及效果，批评的意识和批评家的心理特征等等。童庆炳等人认为，“审美体验”是心理美学研究的核心问题，人的审美活动归根结底都是一种生命体验，是主体对生命意义的把握。作为一种心理活动，体验具有强烈的情感色彩，常使人进入心醉神迷、物我两忘的境界；而这又是以经验作为前提的，是对经验带有感情色彩的回味、反刍和体验。主体的审美体验与社会实践有密切联系，作家艺术家以整个生命投入社会实践，才获得了深刻、丰盈的人生体验，而进入真正的文学创作①。仅从此书目录上看，《现代心理美学》所论及的“体验类型”有：缺失性体验、崇高体验、愧疚体验、孤独体验、神秘体验和皈依体验，等等，从而把“体验”问题阐释到了一个极致。显然，童庆炳的心理学美学研究紧紧围绕文学的审美特性而展开，这些对于文学创作、接受动态过程的微观研究，大大支持与深化了他先前对于文学的本质一类宏观问题的认识与探究。1995 年，《现代心理美学》获得国家教委首届人文社会科学研究成果二等奖；1999 年，该书被列为国庆 50 周年献书，由中国社会科学出版社再版，引起学界高度瞩目，被称为 20 世纪国内文艺心理学研究的“最大收获”。

在获得了文艺心理学的突破性成果后，童庆炳和他的团队决定将研究

①参阅童庆炳主编：《现代心理美学》“总论”，中国社会科学出版社 1993 年版，第 10—26 页。

继续推进。这一次他们尝试从社会心理的视角观照文艺现象，于是，在童庆炳的领导下，申请获得了国家教委博士点基金项目“文学艺术与社会心理”。1995 年，该项目在团队成员的共同努力下按时完成。1997 年 7 月，由童庆炳、程正民等人合著的《文学艺术与社会心理》由高等教育出版社出版，它从社会心理推导文学艺术的发生、发展、变异，并从文学艺术的存在、创造、表现、反映、变形、塑造、解构、遮蔽等方面看社会心理的作用，力图把文艺社会学和文艺心理学有机地结合起来，以更加有效地阐释复杂的文艺活动。

二、“文学活动”新论

1995 年 8 月 1—4 日，中国中外文艺理论学会与山东师范大学联合举办“走向 21 世纪：中外文化、文艺理论国际学术研讨会”，童庆炳在大会上宣读了《李贽的“童心说”及其现代意义》一文。童庆炳将李贽的“童心说”作为一种创作美学予以把握，指出“童心说”的理论假设可归结为一点，即人的自然本性的复归；这种对自然本性的肯定，具有趋真、趋情、趋今、趋自然造化的特性；因此，“童心说”具有了“贵真反假”“重情轻理”“尊今卑古”“崇‘化工’贬‘画工’”等丰富的美学内涵。“童心说”的核心是主张重新获得赤子之心，将原本的真情实感写出来，这样，文章便有了诗性。然而成人怎样才能获得“童心”呢？李贽没有说清楚。童庆炳在研究现代西方人本主义心理学时，发现马斯洛的“第二次天真”说解决了这个问题。在马斯洛看来，第一次天真是儿童的天真，第二次天真是成人的天真；经过社会化的成人要找回天真，要有一个逐渐的社会化阻滞的过程，一个阻止过分社会化的过程，由此而获得“第二次天真”。童庆炳认识到了中西学术思想的互补、衔接的关系，于是将李贽的“童心说”与马斯洛的“第二次天真”说作了一次跨文化的对话,深入揭示了李贽"童心说"的现代意义:"文学的本性与自然的人性是一致的,文学应该是人的本性的自由的诗意的表现,是人的天然诗性智慧的实现,是'人的本质力量的对象化'。……今天文学本性的失落,从根本上说是人的本性的扭曲和失落,因此,回到文学的本性,就意味着要求作家从各种各样的面具后面走出来,重新回到'人之初',回到'心之初',重新获得'童心',或者得到'第二次天真',做一个既不成熟又成熟的人,一个既深刻又有诗意的人,既保持人类的诗性智慧又能批判社会的人,总之是做一个有'童心'的'真人'";"400 多年前李贽的'童心说'作为一种创作美学,不但属于过去,而且也属于现在和未来"①。这篇论文发表后在当时产生了很大反响。

1995 年,童庆炳先后发表了《恩格斯晚年的声音与马克思早期"艺术生产"论》《普列汉诺夫论社会心理与文学艺术》和《文学活动的"二中介"说》等一批论文,比较彻底地研究了晚年马克思、恩格斯和普列汉诺夫的思想,试图解答如何运用马克思主义社会结构理论解释文学活动的难题。自马克思主义社会结构理论问世,来自资产阶级阵营的哲学家有意歪曲马克思的原理,认为马克思主张机械的经济决定论;年轻的马克思主义信奉者,则往往把历史唯物主义看成一个简单的公式,而刻板地去套各种事实,导致庸俗社会学的流行。这些使晚年的恩格斯感到非常焦虑,他在许多书信里对马克思历史唯物主义的基本原理作了重要的补充,强调经济不是唯一的决定因素,强调经济与意识形态的交互作用,以及思想领域某些现象的"偶然性"问题和社会经济基础与上层建筑(特别是意识形态)之间诸多"中间环节"的重要性。后来,普列汉诺夫提出了"五层次模式"说,即"生产力的状况""被

①童庆炳著:《童庆炳谈审美心理》,河南大学出版社 2008 年版,第 185 页,第 186 页。

生产力所制约的经济关系”“在一定的经济‘基础’上生长起来的社会政治制度”“社会中的人的心理”和“反映这种心理特性的各种思想体系”[①];其中,“社会心理”是经济基础与上层建筑之间的“中介”——这在很大程度上丰富了马克思主义的思想。但童庆炳对此仍感到不满意,因为普列汉诺夫对何谓“社会心理”,社会心理为何会对文学艺术产生直接的作用语焉不详,而且,普列汉诺夫只注意到社会心理这些外部情况,对文学艺术内部是否也有中介没有做出必要的回答。

童庆炳从普列汉诺夫止步的地方重新起步,认为经济基础与上层建筑之间有一系列的“中介”;就文学活动而言,从基础到作为上层建筑的意识形态之间,起码有两个重要“中介”——“社会心理”和“艺术文体”。这里,“社会心理”指在特定的历史情境中自发形成的人们的社会性知觉、情绪、愿望、需要、兴趣、时尚等的总和,它呈现出原始性、群体性、易变性和无意识等基本特征;“艺术文体”则指一定的艺术语言秩序所形成的文本体式,它折射出作家艺术家独特的个性特征、感觉方式、体验方式、思维方式和精神结构等,同时它又折射出一定历史时期的社会心理、时代精神和文化传统等。童庆炳“二中介”说的理论要点在于:首先,文学艺术是他律的,社会心理作为一般中介不可排斥;同时,文学艺术又是自律的,体现文学艺术特征的艺术文体亦不可或缺;“社会心理作为一般中介要通过作为特殊中介的艺术文体,才能发生作用,而艺术文体又这样或那样地折射出一定时期的社会心理,社会心理是艺术文体的重要根源”[②]。童庆炳指出,在马克思的社会结构理论

①参阅[俄]普列汉诺夫:《马克思主义的基本问题》,见《普列汉诺夫哲学著作选集》第3卷,生活·读书·新知三联书店1962年版,第195页。

②童庆炳:《文学活动的“二中介”说》,见赵勇编:《在历史与人文之间徘徊——童庆炳文学专题论集》,北京师范大学出版社2007年版,第189页。

框架内,社会的经济状况经过社会心理这个一般中介,再经过艺术文体这个特殊的中介环节,文学艺术活动才得以实现;其中,社会心理是更为根本的东西,它在很大程度上制约着艺术文体及其变化。童庆炳说:“艺术生产是社会的经济状况和作为意识形态的中间环节,这个中间环节具有生产——加工性,是人和人的心理能力的充分展开,人和人的心理是中间环节的关键,因此我们实际上可以把人的心理作为经济状况与文学艺术之间的中介。人的心理,人的社会心理,就像一座桥梁,社会存在作用社会意识,或社会意识要反作用社会存在,经济作用文学艺术,或文学艺术要反作用经济,都要通过这座桥梁。”①童庆炳紧紧抓住文学的两个“中介”,由“艺术文体”导向“社会心理”,最终在文化语境和历史语境中还文学以本来面貌。这既坚持了经济最终起决定作用的唯物主义前提,又有效避免了庸俗社会学的局限。童庆炳的文学活动“二中介”说,即“一般中介”——社会心理、“特殊中介”——艺术文体,是对于晚年恩格斯和普列汉诺夫思想的重要补充,它对文学活动区别于其他意识形态的特殊性,从宏观的视野作了精到、重要的揭示。可以看出,童庆炳的文学活动“二中介”说,实际上有效地联结了他的文艺心理学研究和文学文体学研究。

2000年,童庆炳发表了《经验、体验与文学》一文。他思考的问题是:我们常说文学源于生活又改造生活,那么,作家是根据什么来改造生活的呢?童庆炳在这篇论文里讨论了作家经验、体验与文学的关系,指出作家是通过自己刻骨铭心的“审美体验”来改造生活、塑造文学形象、创造文学作品的;如果没有作家的审美体验,生活的生气、意义和诗意,都无法得以显现,文学

---

①童庆炳:《恩格斯晚年的声音与马克思早期“艺术生产”论》,见赵勇编:《在历史与人文之间徘徊——童庆炳文学专题论集》,北京师范大学出版社2007年版,第167页。

创作也不可能成功。这篇论文的最后部分通过阐释李贽的“童心说”，提出了作家、艺术家在文学艺术创造过程中的“双重的视角”问题。童庆炳说：“他们一方面以成熟的、深刻的、理性的眼光看待生活，能够把生活的底蕴揭示出来；可另一方面又是以儿童般的天真的、陌生的、非理性的眼光看待生活，充分地把生活的诗性光辉放射出来。而作家、艺术家这双重视角的产生，在于作家、艺术家审美体验的形成。正是在体验中，一种混合着成熟与天真、深刻与陌生、理性与感性的‘健康的儿童性’，能够成为作家、艺术家的独特诗性精神，并以这种精神超越一切既成的偏见和成见，从而见出普通世界的令人惊奇的一面。”①

文学创作由“无”到“有”，在童庆炳看来，这是最神圣的、最神奇的、最令人敬畏的事情。正是自己有了丰富的创作经验，童庆炳才有足够的勇气，认真、严肃、虔诚地面对这与“神”的观念相联系的对象，探究文学创作的奥秘所在。在童庆炳看来，“创作美学”无疑是一门值得为之付出精力的学问，为此，他很快投入到“艺术创作与审美心理”的研究。

三、“将矛盾提升为原理”

1992 年，童庆炳的《艺术创作与审美心理》一书出版，全书共分为五章，分别论述了艺术家的创作个性和创作动机，艺术创作中的审美注意、审美知觉、审美情感和审美想象等问题。该书借鉴了西方审美心理学的理论资源，又吸收了中国古代创作心理的各种论述，体现了童庆炳对创作心理学的整体的理解。在该书“引言”里，童庆炳说：

---

①童庆炳：《经验、体验与文学》，载《北京师范大学学报》（社会科学版）2000 年第 1 期。

> 我在研究艺术家的创作心理机制的运动、变化和相互作用时，发现了一个普遍的现象，即艺术家诸种创作心理活动往往是矛盾的、相互冲突的：审美知觉既是无关功利的，又是有关功利的；既是对现实的超越，又要受现实的制约；审美情感既是艺术家自我的情感，又是人类的情感概念；既是内容的情感，又是与之相对抗的形式的情感；审美想象既具有主观意向性，又具有客观逻辑性……这一对对的矛盾、冲突，起初使我困惑。①

在关注、探索各种充满了“矛盾”“冲突”的经验事实的过程中，童庆炳坦言，海森堡《严密自然科学基础近年来的变化》提出的“将矛盾提升为原理”的方法论“照亮”了他。童庆炳说：“我一直认为文艺学采用的思维方式应该是一种亦此亦彼的思维方式……但是过去人们都忽视这个，人们过去都是非此即彼、非彼即此这种思维；我是提倡亦此亦彼这种思维，就是说要发展不同的学派，发展不同理念的文学理论，发展不同的东西。……不要认为只有哪一点是绝对正确的，哪一点是绝对错误的，实际上不是这样，一个正确的命题如果发展到极端，它就变成谬误；反过来，一个可能有毛病的命题，经过我们的完善，它就可能变成一种带有真理性的东西。”②童庆炳主张摈弃那种二元对立的思维方式，而注重对那些彼此矛盾、对立的因素进行整合以达到真理性的认识。陶东风说得好：“将矛盾本身作为研究的对象加以集中的关注，并且将之提升为原理，这样的学术研究显示了一种不以现成的、已成‘定

---

①童庆炳著：《艺术创作与审美心理》“引言”，百花文艺出版社1992年版，第3页。

②童庆炳、刘洪涛：《关于文学理论、文艺学学科的若干思考》，载《文艺理论研究》2002年第4期。

论’的理论牺牲事实、宰割对象的学术立场。”①于是，我们看到，童庆炳总是力图回到未被前人理论所“肢解”的原生态的经验事实，特别关注这一经验事实的复杂性和矛盾性；以此为起点，他研究了文学创作中的创作个性、创作动机、审美注意、审美知觉、审美情感和审美想象等问题，形成了对于创作心理学的整体的理解。他在研究诸如主体与客体、感性与理性、情感与认识、意识与无意识、内容与形式等复杂矛盾现象时，虽然论述有所侧重，但总是特别注意并揭示出它们之间复杂的联系及“中介”问题，努力开拓出了不少全新的阐释空间。

譬如，在研究审美问题时，前人的研究往往止步于审美知觉是有关功利的，还是无关功利的。童庆炳从这一“死结”起步，认为最能体现审美知觉深层特征的，恰好是它“从日常实际态度向审美态度的过渡和转变”，这种“过渡和转变”能否实现，关键则在于两种心理力——功利的、实用的心理力与超功利的、审美的心理力之“较量”的结果。这种“较量”往往是痛苦的、令人不快的，正因为这样，审美态度战胜日常态度，实现审美知觉后的快感就更强烈。由此，童庆炳得出这样的认识：“审美知觉作为一个动态过程，不能简单地说是‘无关欲望’‘无关功利’的，只能说它从欲望、功利的束缚中解放出来，达到无关欲望、功利的境界。有欲是无欲的对立面，但有欲又是无欲超越的条件。甚至可以说，欲望、功利的拖累越是沉重，对此欲望、功利超越后的审美愉悦也越是痛快淋漓”；“审美知觉的极致应是：它深陷功利之中，又超越功利之上，它的基本特征是有关功利与无关功利的二律背反”②。

童庆炳认为，审美情感内部有两对矛盾：一是自我情感与人类情感的矛

①陶东风：《将矛盾提升为原理——谈童庆炳的心理美学研究》，载《文艺争鸣》1998 年第 1 期。
②童庆炳著：《艺术创作与审美心理》，百花文艺出版社 1992 年版，第 106 页，第 107 页。

盾,二是形式情感与内容情感的矛盾。对于艺术作品中的情感,比较流行的有两种观点:一是自我情感说,认为艺术是艺术家情感的“自我表现”;二是人类情感说,认为艺术创作不是情感的“自我表现”,而是人类情感的表现。童庆炳认为,自我表现论和人类情感表现论都有各自的理论弱点,我们应从二者的融通中将审美情感的研究推进一步。他说:“艺术家要表现人类的情感,就首先必须对人类的情感有深刻的体验。而这里所说的体验,是艺术家本人的体验,因此是‘我’的体验。这就是说,尽管艺术家表现的是人类的情感,但必须找到自我的情感与人类情感的交切点、重合点、结合点,使人类的情感和个人的情感融为一体。”①因此,他深入分析了艺术创作中普遍存在的“灵魂的冒险”,即自我情感与人类情感相互冲突、搏斗、征服和突进的创造过程,凸显了艺术家伟大人格、超常智慧、巨大的搏击力量以及“主观战斗精神”的意义所在。

再如,关于艺术想象,童庆炳指出,艺术想象“力场”中有两种相互矛盾的力:一是描写对象的力,它顽强地要以本身固有的性格逻辑作为运动轨迹,力图摆脱作家的控制;一是作家的审美理想、趣味等凝聚而成的艺术追求,它有某种定向性,总是力图引导、控制、规范描写对象。童庆炳指出:“创作‘力场’中两种不同的却是顽强的力碰撞到一起,必然产生巨大的矛盾运动。一方要引导、控制、规范,力图实现自己的美学追求;一方则反控制,力图摆脱另一方施加它的规范,并要按自己的性格逻辑行事。而作家的艺术想象活动的任务就是要调和、克服这两种力之间的矛盾,或改变其中的一种力的作用方向,合两种不同的力为一种方向一致的新力,以打通创作之路,

①童庆炳著:《艺术创作与审美心理》,百花文艺出版社1992年版,第186—187页。

完成创作过程。”①

通过深入细致的思考和研究，童庆炳对文学创作形成了一个总的看法：“创作对作家而言，不是像某些人所说的平静的波澜不兴的过程，恰恰相反心理风暴伴随创作的始终。在创作过程中，心内总有两种互相冲突的力量在涌动。它是最客观的，又是最主观的；它是意识的，又是无意识的；它是自觉的，又是最不自觉的；它是清醒的，又是昏迷的；它是自我，又是他人；它是作者出于‘在’的状态，又是‘不在’的状态；它需要动情，又需要冷静；它需要放纵，又需要控制；它需要感性，又需要理性；它需要形象，又需要逻辑；它需要如实的情境，又需要诗意的幻想；它需要熟悉的，又需要陌生的；它需要儿童般的天真无邪，又需要成人那种丰富的知识；它需要母亲般的温情，又需要父亲般的深刻；它需要梦幻般灵感，又需要文字和语言的技巧……创作往往是各种各样的对立两极之间紧张关系的持续不断的加剧和最后的艺术解决。”②可以说，这是只有亲历了文学创作诸般甘苦的人才能道出的真知灼见！童庆炳摈弃了二元对立的思维方式，对那些彼此矛盾、对立的因素予以整合，系统阐述了艺术创作过程中创作主体各种细腻的心理活动，而令人信服地揭示了文学创作心理的奥秘所在。童庆炳的《艺术创作与审美心理》运用现代心理美学的最新知识，系统阐述了艺术创作过程中创作主体各种细腻的心理活动，并由此构建了自成一家的新学说。

2001年，上海文艺出版社出版了童庆炳的《维纳斯的腰带——创作美学》，作家刘震云称之为“一本试图与上帝沟通的书”。这本书原是上世纪80年代末作家研究生班课程“创作美学”的讲稿，后来，童庆炳给北京师范大学

①童庆炳著：《艺术创作与审美心理》，百花文艺出版社1992年版，第272页。
②童庆炳著：《维纳斯的腰带——创作美学》“自序”，上海文艺出版社2001年版，第19页。

的硕士研究生上课，将它不断修改和充实，最后整理成了这部理论体系完整的专著。《维纳斯的腰带——创作美学》全书共十六章，从文学的观念和基本特征到文学创作过程若干有待阐释的奥秘，从文学的语言到文学对象的内涵的整体性和心理场效应，从作家的童年经验、原型经验到审悲经验、审丑经验，从作家的艺术知觉力、艺术情感力到艺术想象力，都被置于一种新的缜密的理论架构中加以论述。这十六章几乎都有对具体作品（如莫言、余华、毕淑敏、刘震云、迟子建等人的小说）的分析，而且分析得很透辟。何镇邦评论道："作者是把传统意义上的文学审美论、创作论和作家学三者联合起来，形成一种新的'创作美学'。"何镇邦指出，《维纳斯的腰带——创作美学》有四大鲜明特色，即"比较完整的理论体系和严密的结构""可贵的理论开创性""熔中外古今于一炉的理论思维"和"理论的明晰性、简洁性，以及理论联系实际的文风"，认为它"既具有理论开创性的意义，又具有指导文学创作和文学评论实践的重要意义"①。

>>2005 年与王蒙对谈

著名小说家王蒙读了《维纳斯的腰带——创作美学》之后，感到"得益不少，得趣不少"。他指出，"在这本书里，（童）教授并不是削足适履地用科学性很强的理论去剪裁文学创作，不是先入为主地以

①参阅童庆炳著：《维纳斯的腰带——创作美学》"序二"，上海文艺出版社 2001 年版，第 5—7 页。

一个自认为十分正确的命题去党同伐异，自吹自擂；又不是像某些作者如我者谈起创作来那样浅尝辄止地与沾沾自喜地以一当十实际上是挂一漏万……他了解文学的广泛性与微妙性，他了解创作的魅力与难以言说，他也尽力涉猎与汲取了古今中外各种作者论者学派专家的各不相同乃至势同水火的文学理论创作理论，再加以自己的独具匠心的选择和推衍。”①在《维纳斯的腰带——创作美学》里，童庆炳同样运用“将矛盾提升为原理”的研究方法，提出了诸多崭新命题——如自我情感与人类情感之搏斗，文学的“格式塔质”，历史主义与人文主义的价值取向，生活丑向艺术美的转化，文学创作中内容与形式的互相征服，等等——立论极富创意，表现出了可贵的兼容性、包容性和开放性。王蒙说，这“是深思熟虑的成果，又是学富好几车的结晶，是科学的研究，又是艺术的呼应，是具有独创性原生性见地，又是苦读好学的实绩。这样的学问是‘啃’出来做出来的，又是唱出来哭出来的。拿到学院派那里，它是硬梆梆的学问；拿到作家诗人那里（这些内容他是给挑剔的与各有一套的青年作家们讲过的——这可是偏向虎山行的挑战），它是活泼泼的感悟；它是深层次的精神漫游，是进一步艺术探求与通变的有益参照；而到理论家那里呢，它也许有助于开拓眼界、心胸、思路”②。

2001 年，童庆炳、程正民主编的《文艺心理学教程》由高等教育出版社出版，本书被列为“面向 21 世纪教材”。该书认为，文艺心理活动是一种独特的心理活动，归根到底是一种审美体验，是主体对生命意义的把握。因此，作者在建构全书的理论体系时，将“审美体验”作为最核心的范畴，也作为体系展开的逻辑起点，由此延伸出四个部分：第一部分——作为体验阐释者的

①童庆炳著：《维纳斯的腰带——创作美学》“序一”，上海文艺出版社 2001 年版，第 2 页。
②见童庆炳：《维纳斯的腰带——创作美学》“序一”，上海文艺出版社 2001 年版，第 3 页。

艺术家;第二部分——作为体验迹化的创作过程;第三部分——作为体验形式化的作品;第四部分——作为二度体验的艺术接受。纲举目张,一个清晰而整饬的文艺心理学体系建立起来,由此把20世纪中国的文艺心理学从古典提到了现代的水平,使之发展到了一个崭新的阶段。

中国现代形态的"文艺心理学"建立于20世纪初,其先驱人物有王国维、鲁迅和郭沫若等人。作为一个学科的名称,"文艺心理学"是由著名美学家朱光潜先生于20世纪30年代命名的;其1936年出版的《文艺心理学》把文艺的创造和欣赏当作"心理事实"即"美感经验"予以研究,以极强的学理性使中国的文艺心理学走向了成熟。朱光潜先生的"文艺心理学"是"心理学的美学",它不是心理学的一个分支,而是美学和文艺学的一个分支。在30年代,还有一位值得注意的人物就是胡风。基于对当时苏联的一些教条化的创作理论不满,胡风以反映论为基础,独特地建立了以"主观战斗精神"为中心概念的创作心理学。此后,现代文艺心理学沉寂了半个世纪,到了八九十年代才得以延续和大发展,出版了各种心理学美学、心理学文艺学的著作和译著,几十所高校开设了文艺心理学课程。1982年出版的金开诚的《文艺心理学论稿》主要探讨了形象思维的过程和特点,文学语言和文学形象之间的关系,文学想象活动的心理机制、文学艺术家的职业敏感等问题;其明显不足是将心理现象过于狭隘地圈定在"认识论"范围,把创作活动仅仅看作由自觉的、显在的意识支配下的活动,而未能真正揭示精神创造活动的深层奥秘。90年代国内文艺心理学研究有四大"重镇",即北京师范大学(童庆炳及其15位学生)、陕西师范大学(畅广元及其11位学生)、华中师范大学(王先霈及其7位学生)和郑州大学(鲁枢元及其学生)。童庆炳的"心理学美学"或文艺心理学研究,纵源中国古代审美心理体验,横接现代西方理论——如精神分析心理学、格式塔心理学、人本主义心理学和社会文化历史心理学，等等——建构了以"审美体验"为中心，以"审美心理机制"为基本框架的崭新体系，在美学与文学的互动阐释中，开辟出了中国文艺心理美学研究的新局面；它不仅实现了哲学、社会学、语言学、心理学与文艺学视野的融合，成功揭示了文学创作与接受的奥秘，还"以其鲜明的主体性内涵为新时期文学中人的主体存在、价值、意义的高扬提供了实证性的理论基础，从而参与了新时期文论摆脱'工具论''从属论'和单一反映论模式的整体努力"①。要言之，童庆炳拓展的"心理诗学"将20世纪中国的文艺心理学从古典提到了现代的水平，使之发展到了一个崭新的阶段。

①张婷婷著：《中国20世纪文艺学学术史》第4卷，上海文艺出版社2001年版，第154页。

第六章　建构“文体诗学”

夫情致异区，
文变殊术，
莫不因情立体，
即体成势。

——刘勰

一、文体三层面

20 世纪 80 年代末 90 年代初，当代文学从“伤痕”文学、“反思”文学、“改革”文学、“寻根”文学，一下蜕变为先锋文学，作家们普遍执着于文学形式的创造。童庆炳关注到了小说创作界的诸多文体实验和探索：“汪曾祺把小说语言小品化，创造了一种冲淡雅致的文体。王蒙主要依靠语言的错位，创造了富于时代感的幽默文体。阿城写的是社会人生，却能使用一种田园化的文化文体。张承志、邓刚则致力于小说语言的诗意化，创造出了动人的诗体小说。莫言以感觉化的自由语体，令世人刮目相看。贾平凹、邓友梅、陈建功小说语言的地域化，也吸引着

>>2001 年在季羡林家门口的荷塘旁

众多的读者。王朔小说语言的世俗化和调侃性，也让读者相当过瘾。”[①]童庆炳说：“作家们终于认识到，题材的新款、奇特，不能保证你的作品不朽，如果你写得毫无韵致，毫无文体的话。题材是身外物，只有文体才属于你自己。这不能不说是当代中国文学的一大进步，一大特征。”[②]作为作家兼理论家，童庆炳敏锐认识到，中国当代作家的文体意识已然觉醒和强化，作家们自觉追求文体的时代到来了！

---

①童庆炳著：《文体与文体的创造》“导言”，云南人民出版社 1994 年版，第 6 页。
②童庆炳著：《文体与文体的创造》“导言”，云南人民出版社 1994 年版，第 6 页。

面对这些异彩纷呈的文体实验，文学理论界开始研究意象、比喻、象征、隐喻、反讽、悖论、叙述时间、叙述空间、叙述语调、叙述节奏等文学形式问题；与此同时，批评家也作了一些文体批评的尝试。不过，比较而言，理论还是落后于创作，批评家们有点匆忙上阵，理论准备明显不足。童庆炳充分认识到，如果不把文学问题沉潜、落实到语言形式层面来加以把握，要真正揭示文学的审美特征和与之相关的一系列理论问题，是不可能的。于是，从1992年起，他就致力于当时国内还鲜有人涉足的文学文体学研究，充分消化吸收西方语言论学说，并融合中国传统文论的文体论思想，建构了中国当代的"文体诗学"。

1993年，童庆炳开始文学文体学的研究，其长篇论文《中国古代文体论述要》获《东方丛刊》"诗学大奖"。1994年，童庆炳主编的"文体学丛书"由云南人民出版社出版，这套丛书包括童庆炳的《文体与文体的创造》、罗钢的《叙事学导论》、王一川的《语言乌托邦——20世纪西方语言论美学探究》、陶东风的《文体演变及其文化意味》、蒋原伦与潘凯雄的《历史描述与逻辑演绎》。季羡林先生在1995年2月底召开的"文体学丛书"新闻发布会暨学术讨论会的书面发言中称："'文体学丛书'是一套质量高、选题新、创见多、富有开拓性、前沿性的好书。……这套丛书的出现对文艺学的学科建设具有填补空白的意义。"①王蒙则在这套丛书的"序言"中指出："文体是个性的外化。文体是艺术魅力的冲击。文体是审美愉悦的最初的源泉。文体使文学成为文学。文体使文学与非文学得以区分。……归根结底，文学观念的变迁表现为文体的变迁。文学创作的探索表现为文体的革新。"他为"文体学

①《季羡林教授对"文体学丛书"的几点评价》，见云南人民出版社1999年7月第3次印刷的"文体学丛书"的"扉页"。

丛书”的出版感到欣喜:“谢天谢地,现在终于可以研究文体了。现在终于有那么多学者专家研究这个题目,有出版社可以出这样的书了。……希望通过这套书的出版,我们的整个文学事业变得更加文学,更加亲切,更加祥和,更少乖戾瘴气”①。

童庆炳的《文体与文体的创造》是目前国内文论界从完整的意义上来探讨文学文体的第一部专著。据统计,该书是童庆炳所有著作中被引用次数最多的。其中,最引人注目的,首先是童庆炳对“文体”的新论说。“文体”是相对凝固了的文学审美形式,是文学最为直观的表现。过去一提到“文体”,人们通常笼统、粗糙地把文体理解为“文学体裁”或“文类”,实际上,“文体”这个概念涉及面很广,十分复杂,它的内涵远比“文学体裁”或“文类”丰富得多。在西方文论中,“style”这个词,广义是“风格”的意思,狭义可用来专指“文体”。西方文论对“文体”的定义多有歧义。英国当代文体学家杰弗瑞·里奇和米歇尔·肖特在他们合著的《小说文体》一书中,提炼出了一些有意义的观点,如:1. 文体是语言的使用方式,即文体属于话语而不属于语言范畴;2. 因此文体是在语言所有表达方式中的选择;3. 文体的定义以语言使用领域为准绳(例如,一个作家在一种特殊的文学体裁中或一部特殊的作品中会做出什么样的选择);4. 文体学所研究的典型对象是文学语言;5. 文学文体学的特征在于解释文体与文学功能或审美功能之间的关系;6. 文体既是透明的,又是朦胧的;透明意味着可以解说,朦胧意味着解说不尽,而且解说在很大程度上依赖于读者的创造性想象;7. 文体的选择限定在语言选择的各个方面之中,它考虑的是表现同一主题时采用不同的手法②。童庆炳比较

---

①童庆炳著:《文体与文体的创造》“《文体学丛书》序言”,云南人民出版社 1994 年版,第 1—3 页。

②童庆炳著:《文体与文体的创造》,云南人民出版社 1994 年版,第 60 — 61 页。

倾向于第七条所暗示的原则:即把作者写什么与怎么写加以区分是可能的。

在考察西方文体学时,童庆炳注意到,“广义的文体一般是指在不同阶级、不同阶层、不同职业、不同年龄、不同身份、不同场合、不同语境中运用不同的语言习惯和语言体式”①;“广义的文体学的任务就在于对若干主要的文体的语言体式进行形态的描述,总结其特征,探讨其形成的原因等,目的在于使人们能够了解不同文体的特点,以便在不同的场合、语境中,能够恰当地使用它们。……广义的文体只具有描述性,不具有评价性,换言之,人们只谈某种文体是怎么样的,而不必谈某种文体是好还是坏”②。“狭义的文体是文学文体,主要指不同作家笔下的不同的语言体式所形成的文体风格。一般地说,狭义的文体主要体现在不同的文学语言的独特运用中,因此狭义文体学主要的研究对象是不同作家笔下的语言体式,其任务是描述各体的特征,进行结构的分析,追求其形成的深隐原因等。……作为狭义文体的文学文体既是描述性的,又是评价性的”③。西方文论中狭义的文体概念,还可从两个层面来理解:一是研究某一类语言运用方式或编码方式的共同特点,其对象是某类语言运用方式的共有结构,诸如小说、诗歌、散文在语言运用方式上的共有结构,这时文体很接近于所谓的“体裁”,但其深度和广度远远超过了体裁的研究范围,如对小说文体、诗歌文体的研究。这种偏重于某一类语言运用方式的文体研究和以往的体裁研究的根本不同之处在于,它更重视语言运用方式的影响,从而使文体有了非形式化的内涵,强调文体对意思传达的制约性,以及文体变异对意思重现侧面和程度的区别。二是指创作主体对其所要传达的意思进行语言编码的方式,这时候,创作主体的语言

①童庆炳著:《文体与文体的创造》,云南人民出版社 1994 年版,第 63 页。
②童庆炳著:《文体与文体的创造》,云南人民出版社 1994 年版,第 64 页。
③童庆炳著:《文体与文体的创造》,云南人民出版社 1994 年版,第 65 页。

表达方式（即语言编码活动的方式）指的就是风格，即突出作家语言表达方式（语言编码方式）的个人特点和文化特质，即所谓“语言指纹”。一个作家有了他的“语言指纹”，就是创作成熟的标志，就可以称之为“文体家”（stylist）。

在梳理继承中国古代文体学的思想，评价借鉴西方现代文体学的研究成果，并总结当代文学创作经验的基础上，童庆炳给文体这样一个界说：“文体是指一定的话语秩序所形成的文本体式，它折射出作家、批评家独特的精神结构、体验方式、思维方式和其他社会历史、文化精神。……从表层看，文体是作品的语言秩序、语言体式；从里层看，文体负载着社会的文化精神和作家、批评家的个体的人格内涵。”[①]在他看来，文体是指一定的话语秩序所形成的文本体式，它属于形式问题，这形式是内容的形式，因此，形成文本内容的作家的资禀、气质、性格、思想、情感、愿望、理想等一切条件，以及相关的文化传统、现实生活的一切实在，都直接或间接地、强弱不一地制约着文体。文体是一个社会和时代审美意识、生命体验和文化思潮的产物，它折射着一切主、客观因素，同时又受制于这一切主、客观因素。因此，必须将文体视为一个“系统”，从不同的层面作纵深的探讨方可加以把握。从呈现层面看，“文体是指文体独特的话语秩序、话语规范、话语特征等。从形成文体的深隐原因看，文体的背后存在着创作主体的一切条件和特点，同时也包括与本文相关的丰富的社会和人文内容”[②]。从文体的呈现层面看，文体的话语秩序、规范和特征，“通过相互联系又相互区别的三个范畴体现出来，这就是（一）体裁，（二）语体，（三）风格”[③]。

在“文体三层面”中，“体裁”就是文学的类型，指的是不同文学类型的体

①童庆炳著：《文体与文体的创造》“导言”，云南人民出版社 1994 年版，第 1 页。

②童庆炳著：《文体与文体的创造》，云南人民出版社 1994 年版，第 102 页。

③童庆炳著：《文体与文体的创造》，云南人民出版社 1994 年版，第 103 页。

式规范,它由某种类型作品的基本要素的特殊结合而构成;这种基本要素的特殊结合,不是由个别作家人为营造的结果,而是人类长期文学实践中逐渐形成的规范。因此,“体裁”是一定的文化形态的概念,受特定历史文化制约的同时,又随着时代、社会、个人的影响而变动不居,因此呈现出“封闭—开放”的结构①。

“体裁”作为文体的一个范畴主要靠不同的“语体”加以体现,“语体”就是语言的体式。广义而言,“语体”是指人们在不同场合、不同情境中所讲的话语在选词、语法、语调等方面的差异所形成的特征;狭义言之,“语体”指用以体现文学的体裁并与特定体裁相匹配的文学语言。如,诗歌一般是对情感的体验,小说一般是对事件的体验,戏剧一般是对行动的体验,传达的体验不同,所采用的“语体”也就有所不同,或采用有节奏和韵律的抒情语体(诗歌),或采用叙述语体(小说、报告文学、传记文学和部分散文),或采用对话语体(戏剧)。抒情语体特别重视声音的功能,或多或少偏离了语言的规范,偏重运用某些修辞方法,以表达微妙、朦胧、不确定的情与意。叙述语体是一种内指性的,特别注意叙述视角、多音齐鸣的语体,能多方面、立体、纵深地反映社会生活,表现人们的思想感情。对话语体则是一种富于动作性、性格化、浅显化的语体,它适应于舞台演出的需要。不同体裁匹配不同的语体,必须遵循不同的语体规范,更重要的是对语体的自由活用和创造,即“自由语体”的创造,以充分表现作家的精神个性,赋予语言以独一无二的音调、笔致和生命。“自由语体”是作家个性生命在作品中留下的对应物,它永远是独特而鲜活的。“自由语体”改造、取代了“规范语体”,是文体系统中最为活跃的因素,是文体的生长点:一方面,它关联着体裁所要求的规范语体;另

①童庆炳著:《文体与文体的创造》,云南人民出版社1994年版,第103—117页。

一方面它关联着风格，而在文体系统中占有重要地位[①]。

"语体"还不是"风格"，只有作家将"语体"品格稳定地发挥到一种极致，并与作品的其他因素有机地整合在一起，才形成我们常说的"风格"，即"能够引发读者的持久审美享受的、作家的创作个性在作品的有机整体中所显现出来的基本特色"[②]。"风格"是文体呈现的最高范畴，"风格"的形成是某种文体完全成熟的标志，因此也是文体的最高体现。没有风格的作家，其作品也就谈不到文体，其创作也就没有获得真正的胜利、真正的荣誉、真正的征服和真正的桂冠。

童庆炳总结说："完整的文体应是体裁、语体和风格三者的有机统一。某种体裁必定有其约定俗成的审美规范，体裁的审美规范要求通过一定的语体加以完美的体现，语体和文学的其他因素相结合发挥到极致，就形成风格。体裁是文体最外在的呈现形态，语体是文体的核心呈现形态，风格则是文体的最高呈现状态。三者既有区别，又密切相关。文体是体裁、语体和风格这三要素有机统一而成的系统。当我们谈文体问题时，实际上是谈三要素的综合而成的'集'，而不是谈其中一个要素。"[③]童庆炳提出的这一"文体三层面"说，令人耳目一新。这是中国当代文学文体学中较为精粹的理论创造，它开拓出了一个崭新的研究领域，引出了许多新的学术前沿论题，产生了极大的影响。

---

①童庆炳著：《文体与文体的创造》，云南人民出版社 1994 年版，第 119—159 页。
②童庆炳著：《文体与文体的创造》，云南人民出版社 1994 年版，第 164 页。
③童庆炳著：《文体与文体的创造》，云南人民出版社 1994 年版，第 182 页。

二、文体的功能

童庆炳的文学文体学研究，主要解决了两大问题：一是上述的把“文体”看成一个系统，给出了“文体”的现代定义；二是研究了“文体”的意义和功能，“文体”作为形式的因素，它的意义就在于塑造题材或内容，给予内容以艺术的秩序，此即童庆炳提出的“内容与形式的相互征服”说。

到童庆炳发表其文体诗学论著为止，国内的文学文体学研究有两大家，童庆炳是大陆第一个在完整意义上论述文学文体的学者；另一大家则是著名的新儒家思想的代表人物之一徐复观。

在《〈文心雕龙〉的文体论》一文中，徐复观对文体观念的混乱局面——主要是“文体”与“文类”的混同——作了厘清后，提出了自己的见解。在徐复观看来，“文体是与作者的生命力相连结的东西；作品中有人格的存在，有生命力的存在，才能成为一个文体。从修辞学入手，便是离开了人的因素而专从技巧上去学文，这便有如想仅从化妆品上去得到人形之美，那当然是白费的。从文体上去学文，便可通过技巧而接触到作者的生命，也即是接触到文学的生命；并且因此而可以知道文学是要从人生的本身去发掘的……这是中国的传统，也是人类整个文学的共同传统”①。

徐复观认为，“文体”是一个统一体，它可以分成高低不同的次元形相：低次元的形相是由语言文字的多少排列而成的，即一般所说的“体裁”或“体制”；它并不能形成文学的艺术性，还必须向上升进而成为高次元的形相，即“体要”（以事义为主）和“体貌”（以感情为主）。“体裁”若不升华到“体

---

①徐复观：《〈文心雕龙〉的文体论》，见《中国文学精神》，上海书店出版社2004年版，第156页。

要”，则只是一堆文字排列，其排列便会无条理、无结构、无意义；而“体要”若不升华到“体貌”，则认为有某种内容，椎鲁朴钝或有实用意义而无文学上的意义。这个历程，乃是由纯外在的形式向内在的生命精神升进的历程：“就升华的内容看，升华的历程，乃是向人的性情、精神升进的历程。体裁之体，可以说未含有作者的人的因素。在体要中，而始可以看出人的智性经营之迹。至体貌而始有作者的性情，有作者的精神状貌。所以这才是文学完成的形相。”①

根据徐复观的看法，“文体”出于经过塑造的性情（即通过文化的陶冶而转换生命的精神），而不是出于认知，这是中国传统的文学理论迥异于西方讲究内逻辑统一的诗学理论之处。“文体”与人的生命精神有密切的关系，有怎样的文化生命就有怎样的“文体”，不同的生命精神形成了不同的“文体”。因此，徐复观说，文学的自觉是“文体”的自觉，而“文体”的自觉必最后落实于人的生命精神之中才算完成。显然，徐复观“复活”了《文心雕龙》中的文体观念，并把它当作中国思想史的一部分予以处理，而童庆炳研讨“文体”的旨趣则主要着力于文艺学理论体系之建构，这是二者迥异之处。

童庆炳与徐复观的文体理论相通之处在于，无论是“文体三层面”说，还是“文体三次元”说，都将“文体”视作一个渐次上升的系统结构，除了“体裁”层面两相重合外，都分别把“风格”与“体貌”置于文体的最高层面予以理解和把握。在童庆炳看来，作为一个开放的系统，文体的形成受到时代、民族、阶级、文学传统等客观因素和作家的先天素质、人格素质、审美素质等主观因素的影响与制约；“文体”作为一定话语秩序所形成的文本体式，折射出了作家、批评家独特的精神结构、体验方式、思维方式和社会历史、文化精

①徐复观：《〈文心雕龙〉的文体论》，见《中国文学精神》，云南人民出版社1994年版，第129—130页。

神，等等。因此，其运思路径与徐复观相一致。但是，童庆炳从西方现代文体学中成功引入了“语体”范畴，并把“语体”置于文体系统的核心地位，尤其是提出了作家的“自由语体”，不仅极大地丰富了“文体”的系统观念，而且使“文体”成了一个动态的自由创造。从某种意义上看，如果说徐复观的“文体三次元”说是古典型文体观，童庆炳的“文体三层面”说则是现代型文体观。

文体是一种客观存在，文体意识是人们对文体的认识，二者并不是一回事。长期以来，人们虽然写着各种体裁的文学作品或阅读着各种体裁的文学作品，却缺乏一种清醒的自觉的现代文体意识，更说不上什么文体学的建设。因此，文体的重要性一直未被重视，当然也就不可能诞生具有独立系统的现代文体学的理论。

要了解文体创造的意义，必须先了解文体具有的功能。童庆炳提出了“文体三层面”说后，又从文体功能与作家的心理素质、文体功能与语言特点及秩序、文体功能与读者接受等层面，比较深入地考察了文体的功能：

1. 文体的表意功能。“任何一部作品都通过语言描写一定的人、事、景、物，读者则通过想象将作者所描写的人、事、景、物在自己心中‘翻译’出来，从而了解了作品所传达的意思，在读者心里造成一定的效能，这就是作品的表意功能。”①这种表意功能，是文体功能最低也是最基本的层次，凡是能够表达一定意思即一定思想的作品，都具有这种表意功能。

2. 文体的表象功能。一般说来，表象功能比表意功能蕴含了更多的审美因素。文学作品的思想感情是不能直接喊出来的，而必须通过艺术形象来传达。思想感情必须凝结在一定的艺术形象中，才会变得有艺术力量。用古人的话说，就是“托物言志”“寓情于景”“以写景之心理言情”，等等。

①童庆炳著：《文体与文体的创造》，云南人民出版社1994年版，第252页。

形象具体生动是文体的一种品质，而由形象所引起的效应就是文体的表象功能。一种文体若能“状难写之景如在目前”，那么表象功能就能发挥到极致①。

3. 文体的表现功能。“文体的表意功能和表象功能，一般地说是被词、词组、词组群所直接呈现的意义所限定，是‘所指’，它是既定的明确的，因此它们一般是可译的。表现功能则完全不一样，它的意义是不被或不完全被词、词组、词组群所限定的，是‘能指’，它属于另一个系统，即诗意的系统。”②由此看来，表现功能才是文体功能中较高的层面，也可以说是其极致。

已故著名作家汪曾祺说过：“小说家的语言的独特处不在他能用别人不用的词，而在别人也用的词里赋以别人想不到的意蕴。”③因此，文体的表现功能在难于言说又非说不可之间发挥到某种极致。“在文体的表现功能中活跃着最丰富的审美因素，读者一旦把握住了文体的表现意义，那么他的心灵在瞬间就进入了一种自由状态。”④童庆炳认为，文体的表现功能对于不同民族而言，是最为隔膜的；那些难以翻译的地方，正是作品的表现功能作用的“核心地带”，它证明着文体的表现功能是一种顽强的和难以被征服的力量。

童庆炳指出，由于作品的范型不同，作家的审美追求不同，文体的表现功能呈现出多样性。就其基本模式而言，一般可概括为意蕴模式、意境模式、象征模式三种基本类型，它们或取由表及里的途径，或取文体空间展开的途径，或取以彼粘附此的途径来把握对象。

---

①童庆炳著：《文体与文体的创造》，云南人民出版社 1994 年版，第 255 页。

②童庆炳著：《文体与文体的创造》，云南人民出版社 1994 年版，第 256 页。

③汪曾祺：《关于小说语言（札记）》，见何镇邦编选：《汪曾祺代表作》，华夏出版社 1999 年版，第 356 页。

④童庆炳著：《文体与文体的创造》，云南人民出版社 1994 年版，第 260 页。

写实型文体的表现功能趋于意蕴模式。“意蕴模式是一种由表及里的深度模式。平实、素朴的语体,着力描写人物、情节、场面。表面的生活细节构成形象,以形象为中介,达到对一定社会历史时期人们生活的某些共同的普遍的本质规律的揭示。”①

抒情型的文体表现功能一般趋于意境模式。“意境模式是一种以景结情、以象结意的空间模式。它所追求的是情与景交融所形成的立体的富有膨胀感的艺术空间。这种艺术空间以空白、空灵、空阔为特点,读者可以充分地运用自己的心理投射机制,向这个艺术空间投射进的东西似乎是无尽的。”②

超越写实与抒情的象征型文体的表现功能趋于象征模式,它既不表现为由表及里的模式,也不表现为以景结情、以象结意的模式,而是表现为以形象粘附思想的粘附模式。“一般是这样,作家从他的生活体验中,领悟到了一种意向、思想、哲理等,于是想把这种意向、思想、哲理表现出来,就开始寻找一种能够与其相匹配的形象。假如作家终于找到了这个形象,那么这个形象本身并不直接呈现意义,它只是影射、暗示那意向、思想、哲理而已”;“在现代意义的象征中,思想与形象的粘附趋向于多层次、多角度,即象征意义复杂化,象征物也复杂化,文体的表现功能也更丰富、更浑厚”③。

三、文体的创造

文体的创造,就是美的创造。文体创造不是语言自我生成,而是把语言

---

①童庆炳著:《文体与文体的创造》,云南人民出版社 1994 年版,第 263 页。
②童庆炳著:《文体与文体的创造》,云南人民出版社 1994 年版,第 265 页。
③童庆炳著:《文体与文体的创造》,云南人民出版社 1994 年版,第 266 页,第 267 页。

形式赋予内容，其目标是为了获得强烈、深刻的审美效应。这样，美在何处就成了文体创造的出发点和归宿点。美在内容呢，还是美在形式？或是美在内容与形式的统一？……对这些问题的不同回答，形成了不同的文体创造观念和不同的文体创造原则。

在西方文论史上，对待艺术形式问题，主要有三种不同观念和理论：一是“重内容而轻形式”，如车尔尼雪夫斯基认为，“艺术作品任何时候都不及现实的美或伟大”①，“客观现实的美是彻底的美”，而艺术形式则只是“现实的一种苍白的，而且几乎总是不成功的改作”②，“艺术形式无法使一篇作品免于轻蔑或怜笑”③；二是“重形式而轻内容”，如20世纪的俄国形式主义认为，文学作品之所以为文学作品在于“文学性”，而“文学性”则在于它的“形式”，主要体现为语言形式，作品中的社会历史内容则与之无关；三是“内容与形式的有机统一”，既没有无内容的形式，也不存在无形式的内容——无论是亚里士多德还是黑格尔，再到别林斯基或者托尔斯泰，都力主这种观点。

在相当长的一个历史时期，人们对于内容与形式美学关系的论说，基本上是哲学公式的简单套用，因而显得千篇一律。如，“内容决定形式，形式从属于内容”一直是一个不容置疑的经典哲学命题，它带有明显的“物质决定意识，意识反作用于物质”的哲学思想烙印。将哲学命题移植到文学理论，不可避免地把丰富的艺术作品创作过程简单化，把能动的审美思维静态化了。童庆炳指出：“哲学的前提都是重要的，离开这个前提，就缺乏解决问题的基础，就有可能迷失方向。但是，如果对一般的哲学原理抱着过分直线式的态度，不充分估计到所研究的对象的特殊的本质，那就不但不能具体地解

①[俄]车尔尼雪夫斯基著，周扬译：《生活与美学》，人民文学出版社1957年版，第91页。
②[俄]车尔尼雪夫斯基著，周扬译：《生活与美学》，人民文学出版社1957年版，第108页。
③[俄]车尔尼雪夫斯基著，周扬译：《生活与美学》，人民文学出版社1957年版，第94页。

决问题,而且还可能把正确的原理庸俗化。对艺术作品的内容与形式的问题的研究,就存在这个毛病。如果我们承认艺术是审美体验的结晶,那么艺术作品的内容与形式的关系就必须具有审美的特性。美学、艺术学的任务就主要不是停留在对作品内容与形式关系的一般哲学说明上,而是要充分而深刻地揭示这种关系的审美特性。"①

在评述了"美在内容""美在形式"和"美在内容形式的有机统一"等观点的局限之后,童庆炳提出:"作品的内容与形式的美学关系,不是一般的决定与被决定的关系,而是彼此相互征服的关系。艺术美正是在这种独特的相互征服中显露出来。……艺术作品中内容与形式的统一,并不是静态的统一,而是对立的统一,冲突、斗争中的动态的统一。"对于这个动态的统一过程,童庆炳的基本观点是:"艺术作品中内容与形式之间存在着一种相互征服的关系。一定的内容吁请一定的形式。或者说,一定的形式只有在一定的内容的基础上才能产生。……形式总是一定内容的形式,形式在总体上必须归顺内容,受到内容的支配。但是一旦形式受内容的吁请而出现、而形成后,它就不是消极之物,而是一种'攻击性'的力量。它与内容相对抗,并组织、塑造、改变内容,最终是征服、消融内容。丑的内容可以被形式征服,而转化为美的形态。悲的内容可以被形式消解,而转化为喜的形态。然而,在艺术作品中,为何用此一形式,而不用彼一形式,为何进行这种征服,而不进行另一种征服?这又受到艺术家这个主体的思想情感意图的牵制与制约……这就意味着在形式征服内容的同时,又存在着一种逆向的运动,即内容征服形式。实际上艺术作品中内容与形式之间存在着一种双向逆反的

①童庆炳主编:《现代心理美学》,中国社会科学出版社1999年版,第419—420页。

相互征服运动。艺术之美在于内容与形式的交涉部。"①"美在内容与形式的交涉部",由此,童庆炳摆脱了以往以一个中心为基础的二元对立的思维模式,不再试图在内容与形式之间划分孰轻孰重,而是努力在内容与形式的辩证矛盾运动中,重新探究这一重要的文艺理论命题。

为了更准确地阐释艺术作品的内容与形式的动态统一关系,童庆炳找到了一个重要的"中介"——"题材"。按照以往传统的观点,题材属于文学内容的范畴,但童庆炳认为,这种观点是表面的、肤浅的。在他看来,"题材"是经过艺术家初步筛选的生活材料,是尚未经过深度艺术加工的材料,只是内容的坯料并非内容本身;"作品的内容是经过深度艺术加工的题材,以语言体式为中心的形式则是对题材进行深度艺术加工的独特方式。一定的题材经过某种独特方式(形式)的深度加工就转化为艺术作品的内容"②。一部作品的题材是可意释,即可用说明性言语转述出来的,它一旦经过特定艺术形式的深度加工、转化为特定内容后,就难以意释和转述了。"题材作为形式与内容的中介环节,一方面受到形式的锻造,一方面则在锻造后转化为内容。形式对题材的锻造一旦获得成功,内容与形式的美学关系得以建立,一部内容与形式有机统一的有艺术生命的作品也就诞生了,而题材则'退出',只作为'隐在'的方式而存在着。"③童庆炳将题材从艺术内容中剥离出来,目的是强调在从题材(材料)向艺术内容转化的过程中,形式所发挥的关键作用。童庆炳强调,在任何一个作家所选定的题材中,都会有内在的逻辑,即来自生活的固有逻辑和来自作家主体的情感逻辑,这种内在的逻辑吁求形式对它做出与之匹配的呼应,从而充分地艺术地表现这种题材,把它转化成

①童庆炳:《美在内容与形式的交涉部》,载《文艺理论研究》1990年第6期。
②童庆炳著:《文体与文体的创造》,云南人民出版社1994年版,第289页。
③童庆炳著:《文体与文体的创造》,云南人民出版社1994年版,第293页。

富于艺术魅力的内容，并最终形成文体。那么，形式怎样才能切合题材的内在逻辑呢？童庆炳打了个比方："题材吁请形式，题材是主人，形式是客人，然而一旦把'客人'请到了家，'客人'是否时时处处都听从'主人'的安排，就很难说。创作的实践表明，'客人'一旦到了'主人'的'家'，往往就'造起反'来，最终往往是客人征服主人、重新组合，建立起一个新的家。形式征服题材，两者在对立、冲突中建立起新的艺术秩序和有生命的艺术世界。具有艺术魅力的文体也就在这种对立、冲突中形成。……创作最终达到的内容与形式的和谐统一，不是形式消极适应题材的结果，恰恰相反，是形式与题材对立，冲突，最终形式征服（也可以说克服）题材的结果。形式与题材二者相反相成。这样，文体创造的基本原则是：内容与形式的对立与冲突，这种对立与冲突最终又达到了和谐的统一。"①

童庆炳还从审美情感的生成与消失的视角进一步讨论"形式征服题材""题材超越形式"等命题，指出在艺术创作中形式对题材的改造、征服的心理学意义，主要在于将自然情感转化为审美情感，而深化人们对于形式改造、塑造、征服题材的理解。具言之，由题材所引起的情绪和由形式所引起的情绪，其性质、指向是不一样的，甚至可能是相反的。譬如，题材情感是哀怨的、愤懑的、凄凉的、压抑的、消极的，等等，而形式情感却是轻松的、愉快的、洒脱的、高昂的、优美的，等等。那么，形式情绪改造题材情绪，并形成审美情感的心理过程又是怎样的呢？首先，题材情感作为一种刺激，引起人们情感的"兴奋"；其次，形式在题材的吁求下，形式情感与题材情感发生"对抗"、冲突，最终形式情感征服题材情感。在这过程中，原始的自然情绪在艺术形式阻拦、"对抗"中受到阻滞，得到控制、回旋与缓解，这实际上就是艺术节

---

①童庆炳著：《文体与文体的创造》，云南人民出版社1994年版，第298页。

制。形式情感改造、征服题材情感的最终心理反应，是情感的舒泄与升华，生成人们渴望的、给人心灵以慰藉的审美情感。童庆炳还分析了另一种情况，即艺术创作中题材情感超越、消灭形式情感，导致审美情感消失的过程。最后，童庆炳得出了令人信服的结论："无论是在艺术创作还是艺术欣赏中，形式情感的有与无，形式情感能否超越、征服题材情感，文体是否在这种征服中形成是至关重要的，它决定着艺术中审美情感的生成或消失。……艺术中内容与形式的有机的和谐和统一，审美情感的生成，艺术世界的建立，并不是在内容与形式的简单的静态的相互适应中达到的。恰恰相反，是在题材与形式的动态的辩证矛盾运动中达到的，与此相联系，文体的形成也不是形式简单地匹配内容的结果，而是内容与形式相互征服的运动结果。离开这种内容与形式的辩证矛盾运动，文体是不可能形成的。"①

>>2004 年与斯托洛维奇(左三)

---

①童庆炳著:《文体与文体的创造》，云南人民出版社 1994 年版，第 334 页。

童庆炳“内容与形式相互征服”的观点引起了学界的普遍关注。艺术作品中内容与形式的关系问题，一直是困扰各国美学家的理论难题。前苏联美学家斯托洛维奇曾说过：“艺术作品的创作过程本身沿着解决内容与形式之间的矛盾，以消除它们之间的不适应的途径进行。”①俄国心理学家维戈茨基则进一步指出：“千百年来，美学家们一直在强调形式和内容的和谐统一，强调形式图解、补充和配合内容；而我们忽然发现，这是一个莫大的谬误，形式是在同内容作斗争，形式克服内容，形式和内容的这一辩证矛盾似乎正是我们的审美反应的真正的心理学涵义。”②童庆炳从这些先驱者那里得到了思想的启发，在概括了林林总总的文体创造观念之后，他细致地剖析了文体所关涉的内容与形式的辩证运动，最后立足于心理学的立场直逼文体最具体的内在矛盾，即一方面是形式征服题材——审美情感生成——文体形成；另一方面则是题材超越形式——审美情感的消失——文体消解，从而使人确信文体之于创造乃至接受都具有绝对不容小视的品格。童庆炳把艺术作品内容与形式的关系理解为辩证的矛盾运动，有着极高的历史意义：它消解了内容与形式的二元对立模式，彻底摆脱了哲学话语对文学问题的简单统领，由此确立了文艺理论研究独特的审美视角，把对内容与形式的研究往前推进了一大步。形式主义与历史主义的对峙，曾是20世纪文学理论一个最重要的历史特征。这几十年来，双方都发生了根本变化，而呈现出某种融合的趋向。当代的历史主义批评并不忽视文本与形式的力量，形式主义者也承认意识形态和政治的影响。诚如罗钢所言，童庆炳对内容与形式关系的这一深入探讨，“不仅符合国际学术发展的整体趋向，也代表着中国学者在

---

①[苏]斯托洛维奇著，凌继尧、金亚娜译：《现实中和艺术中的审美》，生活·读书·新知三联书店1985年版，第221页。

②[苏]列·谢·维戈茨基著，周新译：《艺术心理学》，上海文艺出版社1985年版，第213页。

这一领域的一种独特思考和贡献”①。

文体学(stylitics)是文艺学的一个分支,是与文艺哲学、文艺心理学、文艺社会学以及文艺批评学等并列的学科;现代文体学则是建立在现代文体观念之上的一门新兴的学科。现代文体学有三个不同的研究方向,即语言学的研究方向、心理学的研究方向与文学史的研究方向;其中,语言学与心理学的研究方向是横向的研究,文学史的研究方向是纵向的研究。文体学的研究方法,既可以用描述的方法,也可以用逻辑实证的方法。童庆炳的《文体与文体的创造》主要运用横向的、逻辑实证的研究方法。丁宁指出,迄今为止,我们对自己的语言艺术的文体感悟还太笼统和太粗糙,《文体与文体的创造》从历史到问题、从构成到功能、从类型到文化、从观念到实践,系统、全方位地考察了文学文体问题,其体系完备而又有开放的态势;童庆炳“以学者的缜密思维兼作家的睿智性灵性为读者展示了文学这一语言圣地的种种胜景”,加深了人们心中原本就有的对于语言的那份“敬畏感”②。

童庆炳主编的“文体学丛书”,是国内从事文艺理论研究的学者在文体学建设上的一次重要的尝试。这套丛书前后印刷了3次,印数近万套,影响深广,这完全出乎了当时编辑者与出版者的意料。经过20年来的学术发展,中国文学文体学研究的意识在文艺理论界已经空前自觉,童庆炳等人委实功不可没。

---

①罗钢:《“内容与形式的相互征服”——读童庆炳的文体学研究》,载《文艺争鸣》1998年第1期。
②丁宁:《朝拜语言的圣地——读童庆炳的〈文体与文体的创造〉》,载《社会科学战线》1995年第6期。

第七章　发展“比较诗学”

旧的里面去发现新的，这叫作推陈出新。必定要旧中之新，有历史有渊源的新，才是真正的新。那种表面上五花八门，欺世骇俗，竞奇斗异的新，只是一时的时髦，并不是真正的新。

——贺麟

一、现代性追求

美国语言学家乔姆斯基(Noam Chomsky, 1928—　)曾经问过两个非常有趣的问题：1. 为什么我们获得的材料如此之少，而产生的知识却如此之多？2. 为什么可利用的材料如此多，而我们的知识却如此之少？他认为，后一个问题更为重要①。的确，后一个问题对于中国当下的文艺学研究有着特别的意义。现代社会充分发展了理性、科学和技术，生产了大量所谓的知识；自 20 世纪 80 年

①Chomsky: *Knowledge of Language, Its Nature, Origin, and Use*. New York: Praeger Scientific, 1986: Perface.

代以来，西方各种文学批评理论相继引入，如结构主义、符号学、解构主义、精神分析理论、女性主义理论以及后殖民主义理论等，这些批评理论加上中国传统的文学理论，给我们提供了无比多的信息，文学理论的资源可谓是前所未有丰富，为文艺学的研究提供了多种可能的发展向度。然而，总体而言，中国当代文艺理论戛戛独造者却不多见。为了摆脱这一困局，20 世纪九十年代中后期，建设中国现代文学理论应该寻找什么资料，如何建立有效的“话语”，改变那种受西方文论“独霸”中国文学论坛的局面，成了文论界普遍关心的问题。

1996 年，有学者提出，中国现当代文艺理论基本上是借助于西方的一整套话语，缺少自己独特的声音，长期以来处于文论表达、沟通和解读的“失语”状态，以至于迄今为止没有一本文艺理论著作传入西方，并产生影响；为此，我们必须重建中国文论话语，其中关键在于接上传统文化的血脉，结合当代文学实践，融合吸收西方文论及东方各民族文论之精华，从而建立一套与当代中国人的生活与艺术息息相关的话语系统①。质疑或否定“失语”症的学者认为，在当代语境中重新利用中国文论缺乏现实的可能，传统文论的

---

①曹顺庆：《文论失语与文化病态》，载《文艺争鸣》1996 年第 2 期。

某些命题仍被广泛认可或采用，并不意味着它可以在不远的将来再生、复兴，因为它自身的弱点妨碍其直接转化为现代意义的文论话语系统。还有的学者认为，古代文学理论是古代文学的理论，21 世纪的文学理论是新世纪文学的理论，没有一种文学理论能概括自古至今的文学，一个民族文学的古今差异远甚于同一时代文学的民族差异。因此，古代文论在今天的语境已经缺失，只能作为一种背景的理论模式或研究对象存在，将其运用于当代文学批评，则如同两种编码系统无法兼容一样，不可在同一"界面"上操作。

中西方文化的差异的确非常明显，不过，问题的复杂性在于，我们并不能因文化的异质性而拒绝文化间的交流。古代文论的异质性及其重新运用是两个并行不悖的问题。在《生命的学问》一书里，现代著名哲学家牟宗三指出，西方的哲学传统是以逻辑思辨为方式，以形上学知识论的问题为对象，其所用的人的智力是"抽象的解悟"，仅有此是不够的，还必须有"具体的解悟"。中国文化传统中恰恰不喜欢讲那抽象的死硬的理性，而是讲那具体的情理或事理。在牟宗三看来，中国文化的核心是"生命的学问"，由真实生命之觉醒，向外开出建立事业与追求知识之理想，向内渗透此等理想之真实本源，以使理想真成其为理想，此是生命的学问之全体大用。在全球化语境下，对中国文论作为边缘文论的特殊关注，显示了对古代文论作为人类共同思想资源价值的深刻认识。究牟氏一生，正是将生命与学术紧密相连，以其全部生命投入，打通中西并畅通文化生命之血脉。

在一次访谈里，著名学者叶嘉莹先生指出，多年来，我们热衷于学习西方的新理论，但是对于自己国家的古典文化传统已经相当陌生，这种陌生造成了在将中西新旧的多元多彩的文化加以取舍和融会结合时，存在一个重大的盲点，即无法将这些理论和术语在实践中加以适当的运用①。的确，面对强大的中国古人创造的传统文化和外国人所创造的西方文化，中国现代学者如果缺少必要的精神支撑，是极易失去自己声音的。鲁迅先生当年就力主“以自己为主”“自己裁判”和“自立其则”，以摆脱“被描写”的命运，走出一条中国人自己的学术创造之路；倘若缺乏了自强自力，缺乏了现代思想——包括思想方式、情感方式与心理素质——只“不过敬谨接受”，那只会形成双重“桎梏”，最终窒息了自己。中国古代文论研究已有了百年以上的历史，叶嘉莹先生所说的“盲点”赫然存在。问题究竟在哪里呢？牟宗三先生说得好：“凡以西方那种外在的、观解的思考路数，以及其所派生的一切，来解析中国学问，甚至整个道德宗教的，俱是差谬不相应。……凡是那种外在的、观解的思考路数所决定的学问，对于人性俱无善解。因此，不能知性尽性，即不能开价值之源，树立价值之主体。”②20 世纪以来，中国古代文论的大部分“研究”，不过是把历史事件化、量化、空间化，极少能真正贴近、切合中国传统文论的“文心”，更遑论将它们与西方理论相会通，并予以实践运用了；至于通过历史陈迹而直透中国文化生命之源，接通中国文化之慧命，则更是遥遥无期了。

在众声喧哗的时代，多元价值的时代，交叉融合的时代，强调有机地汲取古代文论的思想资源以建设当代文艺学，应该是学界的一个普遍共识。1996 年 10 月，中国中外文艺理论学会、中国社会科学院文学所和陕西师范大学中文系联合召开了“中国古代文论的现代转换”学术研讨会，基于古代文论在当代文论建设中缺席的遗憾，钱中文等学者在强调中西文论“异质

①叶嘉莹：《百年词学的文化反思——叶嘉莹教授访谈》，载《中国社会科学报》2010 年 3 月 18 日第 5 版。

②牟宗三著：《生命的学问》，广西师范大学出版社 2005 年版，第 25—26 页。

性”的同时，提出了古代文论的“现代转换”问题，并将这一问题的讨论推到了学界前沿。随后，1997 年初，《文学评论》开设“古代文论的现代转化”专栏，就此问题进行集中讨论，意在矫正中国文艺理论建设中出现的古代文论边缘化问题，以扭转忽视民族传统文论遗产的研究倾向。与中国文论“失语症”的命题一样，对于古代文论的“现代转换”，也有人提出了异议，认为这是一个虚假的命题，历史地对待古代文论才是唯一的途径，因为古代文论研究首先是以历史研究的型态存在的，只有在历史过程的呈示中，理论的全部内涵及其背后的语境才能浮现出来。

作为一门现代性东渐后兴起的现代学科，中国古代文论研究的遭际是比较尴尬的：其研究对象是古代文化，而研究方法和学科建制又是现代的；在传统与现代之间，这是中国古代文论研究的一个最为基本的学科定位。在我们看来，中国古代文论“现代转换”的核心，在于如何处理古与今、中与西的关系；它所要解决的是诸多重要的理论问题，如，对 20 世纪中国文论进程的检讨，对中西文论交汇中的价值取向的思索，对面向新世纪的文论建设的探讨，等等。因此，正如钱中文所指出的那样，古代文论的“现代转换”，是中国文学理论现代性的要求，中国古代文论的现代化是新世纪中国文论的努力方向。当然，中国古代文论“现代转化”涉及许多问题，如“转化”问题的有效性在哪里？古代和当代有着不同的生活方式和文学现实，它们之间得以对接的起点又在哪里？是从古今共通的“诗心”和“文心”出发？还是从“传统血脉”出发？……与此对应的便是古代文论的研究方法问题。童庆炳结合具体的研究实践，针对这些问题提出了自己的远见卓识，并以自己扎实的研究发展了“比较诗学”。

二、再释与创新

中国古代文学与文论研究，一直是童庆炳用力颇多的一个领域。上世纪六、七十年代，在越南、阿尔巴尼亚工作期间，他阅读了大量的古籍，编写过《中国文学简史》，笺注了许多古代作品，注释的文字达数十万字。这无意之间为他日后的研究做了坚实的前期积累。1963 年，童庆炳发表了其学术研究处女作《论高鹗续〈红楼梦〉的功过》，在学界受到广泛注意。1980 年，童庆炳又发表了论文《曹雪芹的艺术观念》。1991 年，由黄药眠、童庆炳主编的《中西比较诗学体系》由人民文学出版社出版。全书共分上、中、下三编，其中，上编对中西诗学的民族精神、文化背景、哲学背景等进行比较分析，辨析了中西诗学理论形态的差异，提出中西文化最根本的差异在于：西方文化注重"有"，中国文化注重"无"，由此推演出"实体与气""形式与整体""明晰与模糊"等的对比。中编以中西诗学历史发展为线索，对作为诗学观念的"网上纽结"——若干重要的诗学范畴，如中国的"诗言志"论、"兴论""感物"论、"虚静"论与西方的"诗言回忆"论、"酒神"论、"表现"论、"距离"论等进行平行研究。下编为中西诗学影响研究，重点梳理了现代西方诗学对中国诗学的影响。《中西比较诗学体系》一书结构宏大全面，体系性较强，是我国 20 世纪九十年代中国比较诗学的重要成果，它在当时产生了很大的影响。

1989 年到 1991 年，童庆炳先后为《文史知识》撰写了两组专栏文章，第一组文章的总题为"心理美学散步"，侧重介绍现代心理美学中影响较大的一些观念；第二组文章的总题为"古代心理诗学"，就中国古典诗学中的若干重要的命题、概念和范畴进行审美心理学的探讨。这两组文章有相同的旨趣，即试图运用现代审美心理学来阐释中国古代的文论、美论，在中西比较阐释中揭示诗、艺术、美和美感的奥秘。1992年，这两个系列的文章由中华书局结集为《中国古代心理诗学与美学》出版，后又由台湾万卷楼图书有限公司出版。《中国古代心理诗学与美学》"侧重于对古代文艺心理学与现代文艺心理学的比较与渗透，力图开掘出传统创作心理的现代意义和美学意义。这种比较的方法将传统与现代联系起来，从现代心理观、美学观来审视古代独特的心理命题，从而赋予了该著更深刻的内涵"①。

1996年，当钱中文提出"中国古代文论的现代转换"命题并引起学界热烈讨论时，童庆炳正在韩国高丽大学讲学。他认为这个话题是有意义的，回国后也参与了这一问题的探究。不过，他主张"转化"而不是"转换"，因为，古代文论相对今天来说，毕竟是独立的，有自己的本质规定性，它必然有着相对僵硬的形式和体系；要想通过某种外力来"转换"，把它变成新东西，显然不合适，也不可能。童庆炳说："我不太同意用'转换'这个词，我喜欢用'转化'这个词；古代文论不可能'转换'成现代文论，但古代文论可以融化、转化到现代形态的文论中来。"②在这种前瞻性视野下，童庆炳认定中华古代文论是建设现代文论的重要资源之一。

与罗宗强等学者提出"为学术而学术"的研究路径不同，童庆炳主张文论建设的"不用之用"与"古为今用"的结合，而不仅仅是给古代文论一个历史的定位。他指出，建设当代文学理论有四个方面的资源：1. 当下文学创作经验的总结；2. "五四"以来所建立起来的现代文学理论；3. 中华古代文学理论；4. 西方文论中具有真理性的成分。在童庆炳看来，建设当代文学理论，

---

①曾繁仁主编：《中国新时期文艺学史论》，北京大学出版社2008年版，第58页。

②童庆炳著：《中国古代文论的现代意义》，北京师范大学出版社2001年版，第3页。

既不能急功近利，也不能排斥“古为今用”；古代文论有着独特的审美意义，对它的理解与坚持不仅有利于个体的人文修养，更有利于整个民族艺术思维的开阔；古代文论中的一些概念、范畴可以经过阐释转化为具有现代意义的理论，尽管经过诠释的古代文论概念、范畴可能已不完全是古代文论的“本来面目”，它置换语境后的基本精神——可能是不完全协调的，但它是古典所焕发出来的新声。童庆炳呼吁：“在古今中西融合之路上，已经有前人为我们开辟了道路。……既然大家都认为是正确的、或是有创造的，那么我们为什么不可以把它越走越宽？……在现代学术视野中，中华古代文论作为中华民族精神的一部分，将推陈出新，将显示出新的意义，焕发出新的光辉。”①

>>2001 年在国际研讨会上

①童庆炳、谢世涯、郭淑云著：《现代学术视野中的中华古代文论》，北京出版社 2002 年版，第 454—458 页。

2000年夏天,童庆炳接受了新加坡南洋理工大学中华语言文化中心的邀请,携夫人曾恬赴新加坡展开"现代学术视野中的中华古代文论"课题的研究。2001年,北京师范大学出版社出版了童庆炳的《中国古代文论的现代意义》。全书分上中下三篇,上篇论列了中国古代儒、道、释文论异同及其文化蕴含,中国古代文论基本范畴及其民族文化个性;中篇以文论家理论的"原创性"为尺度,选取并读解了孔子、孟子、庄子、陆机、刘勰、钟嵘、司空图、严羽、李贽、王国维十大家的文论内涵及其现代意义;下篇主要讨论中国古代文论与中国现当代文论的关系,指出借鉴古代文论是中国现代文论建设的必由之路。在解读古代文论十大家的学说时,童庆炳通过与西方文艺理论思想的对接,实现了跨文化的学术视野的融合。2002年,北京出版社出版了由童庆炳独立撰写的《现代学术视野中的中华古代文论》①。此后,他相继发表了《中华古代文论研究的现代视野》《再论中华古代文论研究的现代视野》《三论中华古代文论研究的现代视野》和《文艺学创新:以20世纪中国现代传统为起点》等系列论文。在这些著述中,童庆炳深入剖析了古代文论研究的现实语境、研究现状,以及古代文论的价值根据,有力地驳斥了一些学者批判古代文论"现代转化"的不实之辞。

如,在《再论中华古代文论研究的现代视野》一文中,童庆炳深入研究了中国文学理论现代性转型的发生及其若干表征,指出梁启超的《论小说与群治之关系》和王国维的《论哲学家和美术家之天职》在观念上的更新,可以视为中国文学理论现代性转型的一种标志;而20世纪中国文学理论的现代转型又具体表现在:1. 文学观念的转变,"摆脱以君王一人为转型的封建正统

---

①由于当时接受了新加坡南洋理工大学的研究资助,此书初版时,童庆炳与名义上有合作关系的谢世涯、郭淑云两位研究员共同署名。2010年,该书作了一些修订、补充后,更名为《中华古代文论的现代阐释》,由中国人民大学出版社出版,署名童庆炳。

观念，树立民众为中心的观念”；2. 文体观念的转变，“摆脱小说、戏曲等艺术创作为雕虫小技的传统看法，这是文体观念的一大变化，也是中国文学现代性生成的重要方面”；3. 争论和批判意识的勃兴，这“意味着冲突、矛盾、不和谐、不稳定，意味着争论，意味着一方批判另一方，另一方也这样那样地回应批判方。这种基于多种思想的冲突和批判充满了20世纪中国追求现代化的整个曲折过程”；4. 文论话语转型，现代文论话语由古代“点到即止”的“诗文评”转变为逻辑的系统的论文结构。以上四点转变，说明中国文学理论的现代性转型，在于重建世界的意义，重建文学艺术的意义。但是，现代文论和古代文论的这种区别、对抗只是一个方面，还有另一个方面也是同样重要的，那就是现代对传统的包容、吸收、借鉴与交汇，现代与古典之间既对立又融合，而非简单的“不可通约性”关系。“现代”并非平地而起的没有渊源的运动，而是在吸收古代传统资源的基础上建构而成的。在对传统的再度解释中去创新，才可能是具有渊源的真正的创新；因为“现代性”本身是民主、开放、宽容的，现代与古代“宿命的对立”“传统拒斥现代”的论断是片面的，没有根据的，至于古代文论的“现代转化”工作该“收工”之说，更是无稽之谈①。钱中文说得好：“当今现代性所要求的，应是一种排斥绝对对立、否定绝对斗争的非此即彼的思维，更应是一种走向宽容、对话、综合、创新，同时包含了必要的非此即彼、具有价值判断的亦此亦彼的思维。”②古代文论的“现代转化”研究体现了这种现代性诉求，有着广阔的学术前景，这是毋庸置疑的。

---

①童庆炳：《再论中华古代文论研究的现代视野》，载《中国文化研究》2002年冬之卷。

②钱中文：《文学理论现代性问题》，见《钱中文文集》，上海辞书出版社2005年版，第358页。

三、方法论沉思

童庆炳研究中国古代文论，主要基于建设属于中国自己的文学理论的思虑。他深刻认识到，在经过十余年的西方现代文论的引进之后，人们终于觉悟到它们不过是西方文化的产物，一味地照搬照抄是不足取的；中国文学理论新形态的建设必须以“我”为主，如何继承中国古代文论显得特别的重要。

童庆炳认为，中国古代文论传统博大精深，而传统作为一个民族的“经历物”，是永远不会消失的，它不仅体现在“物”的方面，而且凝结于观念和制度之中，并以无意识的状态深藏于人们的心里。要承继中华文化传统，包括承继中华文论传统，就要对传统文化进行诠释（解释、阐释）。诠释是继承与革新中华古代文论的必由之路。许多事实表明，中华古代文论中有很多可贵的东西尚处于沉睡之中，需要通过我们的阐释来激活它们，并与西方现代文论打通，从而在中西文化的对话与交融中建构新体系，创造新文化。

在中国古代文论的原始资料面前，最难以阐释的是它的概念、术语和表述的复杂性，怎样从学理上清理这些人言人殊的概念和范畴呢？童庆炳强调指出，在诠释中华文论著作中提出的观念、体系时，我们必须克服两种倾向：其一，“返回原本”，它多承乾嘉饾饤考订之余弊，这种致力于古代文论的校勘、训诂一类“文物考古式”的研究，把古代文论仅仅当作一个死的东西来对待；这一训诂工作的意义是很有限的，还没有进入真正研究的层次；其二，“过度阐释”，即将中国古代文论纳入西方文论的逻辑框架，把中国古代文论作为论证西方文论的资料，这种现代阐释实则消解了中国古代文论原有的、精微的民族个性。为此，童庆炳提出了古代文论研究的“三项原则”：

其一，历史优先原则，这就是要尊重史实的本来面貌，对它作真实性的把握；研究古代文论，必须将其置于历史文化语境中去考察，让它们从历史的尘封中苏醒过来，以鲜活的样式呈现在我们的眼前，变成可以被人理解的思想。

其二，"互为主体"的对话原则。西方文论是一个主体，中国古代文论也是一个主体，要取得一个合理的结论，需要两个主体互为参照系进行平等的对话，盲目的本土主义是不足取的。

其三，逻辑自洽原则。中西文论对话是有目的的，不是为对话而对话，而是为了达到古今贯通、中西汇流，让中国古代文论焕发出青春活力，实现现代转化，自然地加入到中国现代形态的文学理论体系之中去。这里的"逻辑"不仅是形式逻辑，更是辩证逻辑；所谓"自洽"，则是指我们所论的问题，无论是以西释中，还是以中证西，或中西互证互释，都必须"自圆其说"，实现古今学理的贯通、融洽[①]。

关于古代文论研究的方法论问题，罗根泽、郭绍虞诸先生也有过不少阐述，但他们偏重于如何掌握历史的真实性问题；童庆炳提出的"三项原则"，视野开阔，融入了现代意识，不仅增加了对历史复杂性、多层性的认识，还引入了主体研究的一种新的目标——创建中国自己的文学理论，从而超越了罗根泽先生对"求真"与"求好"这对范畴关系的解释。

从1994年起，童庆炳连续十余年给北京师范大学文艺学的博士研究生开设《文心雕龙》专题研讨课，指导博士生研究古代文论。这门课按北京师范大学的规定是不计工作量的，但他坚持每年讲一学期，每周三小时。尽管这门课已经讲过多次，但是他每次还是坚持备课，不断补充、完善。童庆炳

---

①童庆炳：《中华古代文论研究的现代视野》，载《东方丛刊》2002年第1期。

还发表了一系列“龙学”研究论文，其“龙学”研究的特点是专攻“范畴”，在古今中西比较上用力，力求揭示这些“范畴”的现代意义①。2015年，北京大学出版社即将出版童庆炳的《文心雕龙三十说》，它在现代视野下围绕《文心雕龙》的三十个范畴进行中西对话、互释和“转化”，从已发表的二十余篇论文看，其论说多发人所未发。

在古代文论研究过程中，童庆炳开创了一种“中西互证、古今沟通”的阐释方法。在与黄药眠先生共同主编的《中西比较诗学体系》的“后记”里，童庆炳写道：“继‘五四’之后，中西两种文艺思想的再次交汇、碰撞是历史的必然，而在这种交汇、碰撞中我们要作出什么样的抉择，就是时代向我们提出的一个迫切而困难的问题。为了回答这个问题，我们就必须对中国和西方的、在完全不同文化背景下产生的两种异中有同、同中有异的诗学进行比较研究。只有在比较中，祖国传统诗学的精华才会显露出来，我们才会认识到抛弃传统照搬西方是不明智的。”②童庆炳还明确指出：“中西文化之间，传统与现代之间，不是谁取代谁的问题，而应该是‘对话’问题”，并进而提出“中西对话、古今对话是实现新的形态的文艺理论建设中的基本途径”；“对话不是简单地对比，更不是简单类比它们的相同方面，对话首先要确定对话的主体。‘古’‘今’‘中’‘外’大致说来是四个主体。”③钱钟书先生在1942年写就的《谈艺录·序》中说：“东海西海，心理攸同；南学北学，学术未裂。”④童庆炳正是在对古与今、中与西的“心理攸同”有着深刻的认知与发现的基础上，找到了一把打开中国古代文论的“钥匙”，那就是“将现代心理科学知识

①童庆炳著：《童庆炳谈〈文心雕龙〉》，河南大学出版社2008年版。
②黄药眠、童庆炳主编：《中西比较诗学体系》下册，人民文学出版社1991年版，第784—785页。
③童庆炳：《对话——重建新文化形态的战略》，载《北京师范大学学报》1994年第4期。
④钱钟书著：《谈艺录·序》，中华书局1984年版，第1页。

引进了古代文论研究领域,从人的心理层次观照、诠释某些观念范畴的生成、扩散、延伸与发展”,而得以前往古人心灵深处探幽索微,深入了古代文论之堂奥①。

在运用新方法、新观点探究古代文论的过程中,童庆炳主要有两个层面的创获:

一是通过一种跨学科的研究模式,从中国古代文论中剔抉出了现代意义。如,童庆炳借用“格式塔心理学”的观察视角,揭示“气”“神”“韵”“境”“味”的共同特点,即它们所指范畴内涵都对具体作品中的具体情感、景物具有超越性,既存于言、象、义之内,又超越于言、象、义之外;它们都不是艺术作品中的某种元素,而是弥散于整个作品上的一种“整体质”,即“格式塔质”。童庆炳同时指出,“气”“神”“韵”“境”“味”这类范畴与“格式塔质”又有所不同,后者乃由知觉经验整合而成,而前者则蕴含着更为深刻的生命体验,是中国传统文化特征之显现;继而从中离析出民族文化个性在文论观念形态上的体现(如“天人合一”的整体思维方式、崇“无”观念等),又从自然环境和经济发展角度,剖析民族文化个性与农业文明、家邦制度的血缘关系②。

二是确切解释了一系列悬而未决的问题,从而激活了中国古代文论。如,童庆炳《〈文心雕龙〉“物以情观”说》③一文以刘勰反复提及的“情”作为讨论对象,指出刘勰提出“情”的问题是有现实针对性的,其所针对的是当时作品的空洞之情、虚假之情和艳俗之情。刘勰说“体情之制日疏”,也具有丰

---

①陈良运:《找到打开中国古代文论的一把钥匙——从童庆炳〈中国古代文论的现代意义〉说》,载《东疆学刊》2002 年第 3 期。

②参阅童庆炳:《美的极致与“格式塔质”》,见《中国古代心理诗学与美学》,中华书局 1992 年版,第 21—28 页。

③童庆炳:《〈文心雕龙〉“物以情观”说》,载《北京师范大学学报》(社会科学版)2011 年第 5 期。

>>2006 年秋访问巴黎

富的现实感。刘勰既肯定那种以《诗经》为传统的情志,也肯定因自然景物的变化而变化的人的自然情感,既肯定社会的、群体的、理性之“情”,也肯定个体的、自我的、感性之“情”。更重要的是,刘勰全面揭示了情感在文学创作中的运动:作家心中的“情”从何处来?刘勰认为,“情以物兴”,“情”从“物”(生活)中来,由“物”移到作家的内心,这一过程偏重客体的作用。那么,主体触物起情后,心中的情感又是如何灌注到外物并与外物融合为一的呢?刘勰提出“物以情观”,即以作家的情感去观察、体验和评价生活,让生活从作家的诗情画意中看出,这一过程偏重主体的作用。从“情以物兴”到“物以情观”,是从情感的兴起到情感评价的过程,主、客体的相互激动、相互深入,构成了审美的完整过程,即诗人在创作中的情感全部运动轨迹。论文最后讨论了中华古文论中情感的表现方式。长期以来,人们只是注意到“物感”说,而忽略了“情观”论,即情感的移出过程。童庆炳对于“物以情观”的再发掘,突破了以往的研究,完整揭示了刘勰的情感表现理论,其研究一下境界全出。

童庆炳这种“中西互证、古今沟通”的“对话”式研究,使被诠释对象的内涵更加清晰、更加准确地呈现出来;这些独到、精辟、全新的阐释,使古代文论中至今仍有价值的部分进入了现代学术话语系统,从而获得了新的功能意义或现代价值。李春青鞭辟入里地指出,童庆炳的这种比较研究方法,“是以深厚的学养为前提的,确切地说,是建基于对中西文学理论的系统了解，特别是对文学独特审美规律的深入把握之上的。由于真正把握了文学独特的审美规律，因此，当他面对某种古代文学观念、范畴时，才能广采博取，以现代概念予以阐释。共同或相近的文学审美规律构成了中西、古今文学理论之深层相通性，而对这种审美规律的深刻理解就成为童先生这种比较研究方法所以可行、有效的前提”①。

如何将古代文论予以体系化研究，这一直是童庆炳等“比较诗学”研究者关注的理论命题。在《现代学术视野中的中华古代文论》一书里，童庆炳分别研究了古代文论的“文化根基”“文化个性”“文学本原论”“文学创作论”“文学作品论”“文学读者论”“文学抒情论”“文学叙事论”“审美理想论”和“中国文学理论的通与变”。全书在当代的一种纵观全局的大视野下，通过对较为零散、杂乱、感性化的古代文论概念、范畴进行系统的历时性梳理，特别重视这些概念、范畴背后的古代文论的精神理念和话语方式的现代阐释，较为成功地建立起一个超越时间的共时性的、空间化的、较为完备的现代文学理论体系。在这个体系建构过程中，童庆炳的研究体现为一种现代学术视野，即文化诗学的研究路径和思维方式，充分重视文学理论与现代语言学、心理学、历史学、哲学等学科之间的联系，将古代文论概念、范畴的现代阐释自然引申到对文学理论领域中具有普遍性、规律性的基本原理的探讨，而把古代中的一些理论命题融化进了现代文学理论的形态之中，熠熠生辉。陈定家指出：“本书第一次将中华古代文论放置于现代学术视野中进行观照，并在坚持历史优先原则、坚持中西方文论‘互为主体’的对话原则、坚持逻辑自洽原则的前提下研究中华古代文论的现代意义，在对话与沟通中改变西方现代文论独霸中国文学论坛的局面，进而为建设中国现代形态

①李春青：《中西互证 古今沟通——谈童庆炳的中国文论研究》，载《文艺争鸣》1998 年第 1 期。

的文学理论做出贡献。”①

童庆炳的中国古代文论“现代转化”研究，极大地发展了中国的“比较诗学”，彰显出了扶微继绝之心，体现了当代学人对自身文化血脉及其蕴含的根源性智慧的真诚体认，以及孜孜于现代学术创造的一种可贵的文化自觉。通过自己身体力行的研究实践，童庆炳有力地回答了在全球文化交流与融合中，如何保持中国文化自身的独立品格和特色的重要问题；其中，浸透着令人敬佩的治学精神和独到的生命体验，蕴含着现代学者对于未来学术走向的某些卓越性预见！

①见中国社会科学院文学研究所编：《中国文学年鉴》(2003)，中国文学年鉴社2004年版，第410页。

第八章　走向“文化诗学”

我们的知识不能有饱足的时候。
像萌芽一样，
在一个真理足下又生出一个疑问，
真理与疑问互为滋养，
自然一步一步地把我们推向绝顶。

——[意]但丁

一、理论构想

20 世纪 90 年代以降，随着市场经济的确立，全球化思潮的不断激荡，社会政治和文化都发生了激变，拜物主义、拜金主义成为时髦，价值世界更多地关注平面的、感官的快适，消费意识形态主导下的大众文化畅行无阻，文学艺术迅速被纳入了市场化机制，原有文学艺术的价值与精神发生了裂变。在这种情形下，学界掀起了一场有关文学滑坡、重振“人文精神”的讨论，呼吁“重建人文精神”，重新确立文学的意义、价值，重新确立人类精神生活的终极追求。童庆炳指出：“这次人文精神讨论体现出当代知识分子对于当代社会现实的主动介入和深入思考，是学者们为恢复和确立文艺的地位和价值所作出的一次努力。实际上，这次人文精神的讨论的意义，主要是在物质主义、商业主义和科技主义流行的条件下，对人的关注，对人性的关注，对文学的精神价值的关注。"①人文关怀的感性吁求逐渐形成"文化转向"，"文化研究"随之而生，成了当代的"显学"。

>>1991 年在张家界

在国内众多学者纷纷改弦更张，转向"文化研究"，"文学研究者变成了业余的社会政治家、半吊子社会学家、不胜任的人类学家、平庸的哲学家以及武断的文化史家"②时，童庆炳没有与所谓的世界"主流理论"亦步亦趋，而是始终坚持审美论诗

①童庆炳：《审美论—语言论—文化论：新时期 30 年文论发展轨迹》，载《黑龙江社会科学》2008 年第 4 期。

②[美]哈罗德·布鲁姆著，江宁康译：《西方正典——伟大作家和不朽作品》，译林出版社 2004 年版，第 412 页。

学的学术立场，孜孜探寻着中国文学理论的重建之路。在他看来，“文化研究”是有一定价值的，但它属于“文化社会学”研究，而非文艺学研究，其弊端在于：“目前文化研究的对象已经从大众文化批评、女权主义批评、后殖民主义批评等进一步蔓延到去解读小轿车热、去解读网络热、去解读性爱等等，解读的文本似乎越来越离开文学文本，越来越成为一种无诗意或反诗意的社会学批评，像这样发展下去文化研究岂不是要与文学和文学理论‘脱钩’？”[①]更重要的是，在“日常生活审美化”后，文化研究不但没能制约消费主义，反而为消费主义推波助澜，成为新的资产阶级制造舆论的工具，成为新的资产阶级的附庸[②]。因此，童庆炳对“文化研究”持极其审慎的态度。

自新时期以来，经过无数学者的辛勤耕耘，中国的文学理论研究已然形成了一个文学理念和学术传统，那就是对于文学审美特性的修复、开掘与呵护。童庆炳指出，我们大可不必走西方那种以一种方法取代另一种方法的路子，文学理论的建设应该是累积性的；我们业已取得的关于审美特性的成果，关于文学语言特征的成果，还有其他成果，只要是好的，具有真理性的，不但要继承下来，而且要继续研究下去[③]。在他看来，文化研究力求消解文艺的审美属性，一味俯就人的感官、欲望，无疑助长了当今社会人的物欲化倾向；而把文化研究视为文艺学的“当代形态”，不仅是一种认知错觉和思想误导，而且也有悖于文艺学的品格——审美永远是文艺之为文艺的一种不可或缺的品格。

自1998年始，童庆炳发表了《文化诗学是可能的》《文化诗学的学术空间》《文化诗学刍议》《植根于现实土壤的“文化诗学”》等一系列论文，“文化

①童庆炳：《植根于现实土壤的“文化诗学”》，载《文学评论》2001年第6期。
②童庆炳著：《美学与当代文化讲演录》，广西师范大学出版社2007年版，第221页。
③童庆炳著：《中国古代文论的现代意义》“总序”，北京师范大学出版社2001年版，第4—5页。

>>1999 年在安徽大学主持中国中外文学理论学会年会

诗学”的理论构想趋于成熟。2001 年 11 月 7 日，在中央电视台第十频道“百家讲坛”上，童庆炳讲了“走向文化诗学”的专题。不满意于“文化研究”的“反诗意”，不满意于“文化研究”缺乏中国自身的问题意识，不满意于当下文学研究将作品当作例证以说明某个社会学问题，而不顾作品本身的精粗优劣，童庆炳鲜明地亮出了“文化诗学”的旗帜，力图对于文学的“内部研究”和“外部研究”做出一种综合，实现超越①。童庆炳主编的“文化与诗学丛书”，自 2000 年起由北京大学出版社陆续出版，包罗了古今中外的诸多论题。其业已出版发行的著述大部分都是铢积寸累、足踏实地的研究力作。

“文化诗学”的理论构想，是童庆炳对中国当代文学理论走向的清醒判断与理性选择，作为对现代社会现实生活的一种积极回应，它有两大旨趣：

其一，“文化诗学”首先是一种“诗学”，是审美的文学理论，它主张“诗情画意”；它的对象必须是文学艺术作品，不是那种流行的带有消费主义倾向的大众文化产品，不是“日常生活的审美化”。审美不是小事情，它实际上是一个关系到人的建设的大问题。在诗情画意的背后，是对人性的完整性

①童庆炳著：《美学与当代文化讲演录》，广西师范大学出版社 2007 年版，第 217 页。

的渴望和对人的深层意义的追问。在童庆炳看来,审美是文学的家园,也是人类最后的家园。他反复强调,文学批评的第一要务是确定对象美学上的优点,如果对象经不住美学的检验的话,就不值得进行历史文化的批评了。让“文化诗学”具有一种“审美性品格”,是一次合情合理的选择;守住这条底线,“既意味着对人类家园的守望,也意味着从事‘文化诗学’研究的学人能够不断地获得一种激情与冲动,在清醒冷峻中拥有一种诗意的目光。这样,在文学理论获得了自身的立足点之后,文学理论的研究主体也能够获得自身的立足点”①。

其二,“文化诗学”主张双向拓展。所谓“双向拓展”,一方面是向微观的文本细读拓展,另一方面是向宏观的文化视域拓展。就文化的视域说,要从宏观的文化的角度来把握作品、评论作品;“文学是诗情画意的,但我们又说文学是文化的。诗情画意的文学本身包含了神话、宗教、历史、科学、伦理、道德、政治、哲学等文化含蕴。在优秀的文学作品中,诗情画意与文化含蕴是融为一体的,不能分离的。中国的文化研究应该而且可以放开视野,从文学的诗情画意和文化含蕴的结合部来开拓文学理论的园地”②。“文化诗学”对文学的研究,既不抛弃对作品的语言研究,更不抛弃对作品的审美特性的研究,而是要在语言的分析、审美的评析的基础上,再加上一个文化的视角;这样,研究的视野就更加开阔了③。

那么,“文化诗学”的基本诉求是什么呢?童庆炳说:“总的说来,就是要通过对文学文本和文学现象的文化解析,提倡深度的精神文化、人文关怀、

---

①赵勇:《“文化诗学”的两个轮子——论童庆炳的“文化诗学”构想》,载《江西社会科学》2004年第6期。

②童庆炳著:《中国古代文论的现代意义》“总序”,北京师范大学出版社2001年版,第5页。

③童庆炳著:《美学与当代文化讲演录》,北京师范大学出版社2007年版,第222页。

诗意的追求，批判社会文化中一切浅薄的、庸俗的、丑恶的、不顾廉耻的和反文化的东西。深度的精神文化，应该是本民族的优秀的传统文化与世界的优秀文化交融的产物，它追求意义和价值，那么这种深度的精神文化的主要特征，就是它的人文的品格，以人为本，尊重人，关心人，爱护人，保证人的心理健康，关怀人的情感世界，促进人的感性、知性和理性的全面发展。”①具言之，“文化诗学”有三个基本诉求②：

第一，“文化诗学”是对文学艺术的现实的反思，它关怀文学的现实的存在状况，紧紧扣住经济的市场化、产业化以及全球化折射在文学艺术中出现的问题，并加以深刻的揭示。“文化诗学”的现实性品格是它的生命力所在。如果说文学的现代性更关注文学文本的意义和价值，更注重文学的深度模式，而后现代性则只关心“玩儿”，或不要深度而更喜欢活一天算一天的话，那么文化诗学将更支持文学现代性，而不怎么支持文学的后现代性。因此，“文化诗学”应该、也必须“对现实社会文化问题进行正面研究”。为此，他提出了与现实密切相关的八大问题，它们分别是古今问题、中西问题、中西部问题、性别问题、精英文化与大众文化的问题、商业文化与主流文化的问题、自然环境的保护问题以及法与权问题③。

第二，文学艺术不可能是完全封闭的一种系统，文学艺术的研究与批评，需要文学艺术之外的参照系。“文化诗学”要向宏观的文化的视角拓展，考虑文学艺术与其他文化形态——如语言、神话、宗教、科学、历史、政治、哲学、伦理、道德、教育、民俗等——之间的互动，要研究这种互动的关系。跨学科的批评方法，不仅是美学的批评方法，也是语言学的批评方法，同时也

---

①童庆炳著：《美学与当代文化讲演录》，广西师范大学出版社2007年版，第223页。

②参阅童庆炳：《植根于现实土壤的“文化诗学”》，载《文学评论》2001年第6期。

③童庆炳：《新理性精神与文化诗学》，载《东南学术》2002年第2期。

是文化学的批评方法，还是社会学的批评方法，它能够全面地揭示文学作品的各方面，帮助我们发现文学艺术作品的新的意义。

第三，“文化诗学”必须通过对作品的细读，以揭示文学作品的文化内涵，提炼出文化精神来。那么，怎样对作品进行细读呢？在“文化研究”中，西方学者提出了“品质阅读”和“价值阅读”。“品质阅读”主要从文本的语言角度切入，通过对文本的细读衡量作品艺术性的高低。语言是一种手段，同时又是一种生活，语言与生活是同一的。当生活中出现新的词汇时，就意味着一种新的生活开始了。与以往的文艺社会学不同，“文化诗学”不仅仅就作品的内容来抽象地谈作品的思想感情，它还十分重视向微观的语言分析拓展，通过文本语言的分析来揭示意义。“价值阅读”主要是揭示作品所隐含的文化意义，如果我们从文化角度对作品进行“价值阅读”，就能从作品里面发现许多鲜活的东西。为此，童庆炳的“文化诗学”要求通过对历史资料的掌握，重建历史文化语境，再将作品放到这一历史文化语境中去解读，这样才能真正把握到作品的文化内涵；为此，必须将内部研究即对文学作品语言、结构的研究，与外部研究即文学作品所表现的社会历史方面的研究贯通起来，以超越单一的内部研究或外部研究。

作为文学批评的一种范式或方法，童庆炳提出的“文化诗学”有语言、审美和文化三个维度，其中，审美的批评维度尤为重要。用童庆炳的话说，“‘文化诗学’仍然是‘诗学’，审美仍是中心，文学的某种‘自治’的程度必须保持。我们的主张是，让艺术文学与社会文化在新的基础上实现互动与互构”①。审美仍是“文化诗学”的中心，因为文学作品其生命的魅力，就在于“诗情画意”这一审美特征。这不仅是针对“走火入魔”的“反诗意”的“文化

①童庆炳：《延伸与超越——“新时期文艺学三十年”之我见》，载《文艺争鸣》2007 年第 5 期。

研究”而发，也是传承了新时期以来中国文学理论研究和成果积累的必然结果。因此，童庆炳的“文化诗学”有别于游离于大众审美文化与社会政治话语之间的新历史主义文化诗学，这种差异不仅来自语言的表述和研究的对象，而且来自审美的观念与理论的追求。

童庆炳的“文化诗学”是深深植根于中国自身的社会现实问题与文化历史语境中，由中国学人自己创构的一种文学批评范式。王柯平将它命名为“新审美主义的文化诗学”（Cultural Poetics of New Aestheticism）①，可谓一语中的。

二、价值取向

在研究“文化诗学”的过程中，童庆炳时刻关注着中国发展中的社会现实，始终思考当代文学艺术的精神价值取向问题，努力探索着人文主义的历史维度和历史主义的人文维度如何相互补充、结合的问题，提出了颇富原创性的“历史—人文”张力说。

改革开放以来，人们生活质量的确有了很大的提高，综合国力也大为加强，中国的和平崛起震动了世界。但是，工业文明和市场经济的迅速发展也带来了许多令人困惑的问题——如贪污腐败、环境污染、贫富差距、国有资产流失、精神生活失范等现象的不断加剧。这些都是中国目前产生的现实生活的负面问题，它们与西方的问题是不完全一样的。那么，这些问题产生的根源在哪里呢？童庆炳指出，文化是一个完整的系统，包含了物质文化、

①参阅王柯平：《挪用与建构中的文化诗学》，见李春青编：《手握青苹果——童庆炳教授七十华诞学术纪念集》，广西师范大学出版社2005年版，第144页。

制度文化和精神文化。当三种文化形态发展不平衡，出现一种畸形的时候，例如物质文化迅速发展而精神文化严重滞后，那么，社会精神文化道德失范的问题就产生了。他说："经济的发展是要有人文精神的引导的，健康的精神文化绝对不是那种可有可无的东西，它必然要在很大的程度上作用于社会的经济发展。……在物质文化发展的同时，我们需要人文的理想和健康的精神文化的关怀，这种关怀应该成为社会生活一个非常重要的方面。""更重要的是，现代工业文明和市场经济的发展，需要深度的精神文化的引导，经济的发展要体现出一种'以人为本'的精神。……我们应该清楚地认识到，现代工业经济、市场经济的发展和人的精神文化的发展并不总是统一的，恰恰相反，这两者的发展往往会形成一种矛盾。也就是说，在人类的历史上，工业文明所代表的经济发展和精神文明的发展常常出现一种二元对立的现象。"①

那么，在这样一个现实面前，作为人文知识分子，作为作家、艺术家和文艺理论家，我们能做什么呢？童庆炳认为，我们必须用自己的精神产品去影响经济发展，来制约经济发展给我们带来的某些负面影响。因此，他大声疾呼，当代的文学艺术必须要有自己独特的价值追求，要在历史理性和人文精神二者之间保持一种必要的"张力"；我们要从优秀的作品里面发掘出深度的人文精神和历史理性，以此回应这些现实问题，以提升人们的精神境界。

童庆炳指出，人文主义呼唤重视人的价值与尊严，其基本旨意是"反恶"，其倡导者的失误是没有看到许多社会问题是在社会进步中出现的；历史主义的旨趣是反"极左"，拒斥精神至上主义，力主发展社会经济，其论者的失误在于没有认识到一个社会需要精神的治理和制约，以避免物质至上

①童庆炳著：《美学与当代文化讲演录》，广西师范大学出版社 2007 年版，第 218 页。

主义的畸形发展[1]。那么,面对"历史理性"与"人文关怀"这两极"错位"的事实,文学家、艺术家应采取什么样的思维路径、价值取向、判断角度呢?在童庆炳看来,企业家、政治家、社会学家更关心的是历史理性,是物质的、器物层面的东西,对待急剧的社会转型时,他们更注重的是转型的历史合理性,而把人文方面的问题纳入到历史理性的范畴中去把握,甚至认为这些问题是现实改革、历史进步不可避免要付出的代价;文学家和艺术家则不然,他们不是政治官员,不是企业家,不是经济学家,也不是社会学家;作为人文知识分子,文学家和艺术家必须而且只能在"诗情画意"的前提下来关怀现实。所谓"诗情画意",用学术语言来说,就是"审美",是人的一种情感评价,一种心灵瞬间的自由和精神的升华与超越。

>>2011 年夏天在意大利但丁故居门前

综观古今文学发展史,童庆炳发现,真正伟大的优秀的作家总是一方面需要历史理性,肯定历史发展是不以人的意志为转移的,而且对人类的生存是有益的,物质的发展可以而且应成为发扬人文精神的基础和依托;另一方面,也要人文关怀,肯定人性、人情和人道以及人的感情、灵性、诗性对人的生存的极端重要性。具言之,文学家和艺术家"关心社会转型的文化道德合理性,以及它在个体的情感生活完美性,

①童庆炳:《人文主义的历史维度和历史主义的人文维度》,载《文学自由谈》1996 年第 2 期。

甚至人性深处那些看不见的微妙角落。……历史理性和人文关怀这两者都是文学家照射现实的思想‘光束’……文学家总是在人文关怀与历史理性中徘徊”，对现实采取不妥协的和批判的态度；当历史理性与人文关怀陷入悖反之际，不要在这两者之间进行选择，不要在“葡萄园”和“现代矿井”之间进行选择，而是“鱼”与“熊掌”都要兼得，采取亦此亦彼的立场，真实展现这个悖论的存在，在历史理性与人文关怀之间保持“张力”——这是作家、艺术家的诗性生存方式使然。如果遇到在两者之间非选择不可时，“真正的文学家宁愿‘牺牲’历史理性，而选择‘人文关怀’……这就是为什么古今中外伟大的作家都毫无例外具有悲天悯人的品格的原因”①。

童庆炳系统考察了中外那些处于社会转型时期伟大作家的创作之后，发现正是有了人文关怀与历史理性这两重“光束”，这些伟大作家才“对现实关系具有深刻理解”（马克思语），他们的作品因而有着“了不起的革命辩证法”（恩格斯语）。童庆炳以青年马克思对资本主义异化的批判作为理论上的支持，令人信服地提出，历史理性、人文关怀和文体营造三者之间保持张力和平衡，应该是文学的精神价值的理想。在童庆炳看来，“历史—人文”双重精神价值取向的本质是：“它既要历史的深度，肯定历史发展（包括科技进步）是不以人的意志为转移的，而且对人类的生存是有益的，物质的发展可以而且应该成为发扬人文精神的基础与依托；它同时又要人文深度，肯定人性、人情和人道以及人的感性、灵性、诗性对人的生存的极端重要性。不是在这‘两个深度’中进行非此即彼或非彼即此的选择。它假设‘历史’与‘人文’为对立的两极，并充分肯定这两极紧张关系对文学的诗意表达的重要性

①童庆炳、陶东风：《人文关怀与历史理性的缺失——“新现实主义小说”再评价》，载《文学评论》1998 年第 4 期。

和精神价值追求的重要性。”①

童庆炳明确提出：“人文主义、历史理性都应该成为艺术的批评标准，不能再用过去的那种僵硬的政治律条作为批评标准。我们提倡人文主义和历史理性作为批评的尺度都要兼备……这种批评作品的尺度就是深度的文化精神。”②这里，童庆炳摈弃了二元对立的思维模式，采取一种“亦此亦彼”的思维方式，力图在各种相互对立的因素中求得统一，从而提炼出了自己的理论话语。童庆炳说：“我一直认为文艺学采用的思维方式应该是一种亦此亦彼的思维方式，‘亦此亦彼’其实是恩格斯在《自然辩证法》里面提出的一个概念，可以说是辩证法里面最重要的一个概念。但是过去人们都忽视这个，人们过去都是非此即彼、非彼即此这种思维，我是提倡‘亦此亦彼’这种思维，就是说要发展不同的学派，发展不同理念的文学理论，发展不同的东西。”③显然，童庆炳的“历史—人文”张力说对“亦此亦彼”思维方式的运用，主要是通过正—反—合的三段式推理论证而实现的，它成功地整合了原本彼此矛盾、对立的两种创作模式，而在“对立统一”的相互抗争、彼此征服中达到了一个更高的质的规定，为作家创作出优秀的艺术作品提供了理论指导。

三、研究实践

童庆炳意识到，重要的不是一再去界说“文化诗学”是什么，而是根据确

①童庆炳：《中国当代文学创作中的“历史—人文”双重价值取向》，见《童庆炳文学五说》，时代文艺出版社 2001 年版，第 360 页。
②童庆炳著：《美学与当代文化讲演录》，广西师范大学出版社 2007 年版，第 227 页。
③童庆炳、刘洪涛：《关于文学理论、文艺学学科的若干思考》，载《文艺理论研究》2002 年第 4 期。

立的思想去实践。实践才是最有力量的。2004年，童庆炳获教育部哲学社会科学研究招标重大课题攻关项目——“历史题材文学创作和改编中重大问题研究”，开始深入思考历史题材的文学创作问题。2011年，经济科学出版社出版了由童庆炳等人撰写的《历史题材文学创作重大问题研究》一书，此书可以说是运用“文化诗学”方法的一个成功范例。全书70万字，课题组成员汇集了全国各高校的专家近30人，历经六年的潜心研究而成，把历史题材创作的研究提高到了一个新水平。

童庆炳力图从以下五个向度厘清历史题材文学中的主要问题：

（一）历史文学创作的历史观问题。我们应该根据什么样的观点来看待某个历史时期、某个历史事件和历史人物，再派生出怎样的是非判断，或歌颂或批判呢？美籍华人学者黄仁宇提出的“大历史观”给了童庆炳极大的启示。按照童庆炳的理解，黄仁宇的“大历史观”有三点相互联系的内容：

其一，从技术理性的角度看历史。“大历史观的观点，亦即是从‘从技术的角度看历史，至于将道德放在什么地方，这也是一个严重的问题。”①“从技术的角度看历史”，归结起来就是认为社会的统治者不要过多地用道德笼罩一切，看待一切，譬如不要总是把人分成“君子小人”之类，分成“白猫黑猫”之类，而是要着眼于生产力的发展，而这生产力的发展是要在重视数字统计和数字管理的条件下才可以达到。

其二，用这种“大历史观”看待历史人物和历史事件，就不能孤立地在某个划定的短时段来看历史人物的是非功过，而要从历史发展的长过程的大潮流中来看历史人物是非功过。黄仁宇说：“历史的规律性，有时在短时间尚不能看清，而须要在长时间内大开眼界，才看得出来。”又说：“中国的革

①黄仁宇著：《万历十五年》，中华书局2006年版，第225页。

命,好像一个长隧道,须要一百零一年才可以通过。我们的生命纵长也难过九十九岁。以短衡长,只是我们个人对历史的反应,不足为大历史,将历史的基点推后三五百年才能摄入大历史的轮廓。"①"大历史观"侧重于对历史的动态观察和纵向研究,提倡长时间、远距离、宽视界地审察和批判历史。因此,如果要评价历史人物在历史社会潮流中的功过,必须看他所领导的社会变革是顺应还是推进历史潮流,解决了社会的现存冲突呢,还是根本没有解决社会的现存冲突,甚至阻碍和阻挡社会历史潮流的发展。

其三,大历史观要求我们在看一个小的历史人物或小历史事件时,一般也不应就事论事,而应看这小人物和小事件背后的政治、经济、社会等多方面的原因,将其置于具体的历史文化语境中去考察。以这种"大历史观"来观照二月河的"落霞三部曲",不难发现,它们一味鼓吹康雍乾专制主义的"盛世",浓墨重彩地歌颂这些帝王英明的行为、处事的果敢、统治的仁爱,完全颠倒了历史的是非。康雍乾三朝大搞文字狱,钳制士人的言论自由,大搞海禁而完全闭关锁国,逆历史潮流而动,实际上是中国传统社会灭亡前的回光返照,有何"盛世"可言?在历史叙述中,高明的作家应把握历史发展的大趋势和总趋势,将所写的历史人物、事件放到历史发展的总趋势中去考虑,而不是孤立地加以描写。

(二)历史题材文学作品的历史真实问题。历史真实是一切创作历史题材文学的作家的重要追求,何谓"历史真实"呢?童庆炳提出,历史有三个"级位":"历史1"是原本客观存在的真实的历史存在,"历史2"是经过历史学家主观评价过的历史知识形式(史书),"历史3"是文学艺术家加工过的"历史真实",是作家艺术"建构"的产物,因此不能把历史题材文学作品当作

---

①黄仁宇著:《万历十五年》,中华书局2006年版,第226页。

历史来阅读。对于历史小说家、剧作家来说,“历史 1”往往是不可追寻的,不过,“历史 1”虽然难以完整复原,但它作为历史的原貌仍是历史题材创作的生活源泉,其中可能还有若干历史碎片,也许还残留于民间,或残留在考古发现中,故而某个历史时间的地理环境之实地考察和勘探,对考古文物的重视,仍然是必要的。对于历史文学这种十分注重细节的文学样式来说,如何真实地再现某个历史时期的生活状貌,也是十分重要的。因此,“历史 1”的考察对于“历史 3”的创造,仍然是创作的源泉与基础之一,丝毫不能忽视。历史题材的文学创作主要还是从“历史 2”开始,但不能原样照搬,对于史书的记载,不能不信,又不能全信;面对史书必须进行去伪存真、去粗取精的辨析工作。“历史 3”的创造关键是艺术想象,即通过“合情合理”的深度“艺术加工”,赋予干枯的历史典籍以鲜活的血和肉,赋予深邃的灵魂,把某种意义上的死文字变成正在演变着的活的故事;情和理的运动的逻辑与轨迹一旦被写出来,“艺术真实”便显现出来了①。

(三)历史题材文学的价值判断问题。这涉及怎样来看待社会发展的深层认识问题,童庆炳主张采取一种具有张力的独特的悖论式判断,即前面论及的“历史—人文”张力说。“历史学家、历史文学家都应该以此悖论来观察、研究和书写历史,对历史的发展做出合乎实际的价值判断。”②李泽厚在《中国古代思想史论》以及《乙卯五说》中的《说历史悲剧》一文中,曾提出“伦理主义与历史主义的二律背反”理论。李泽厚认为,“历史在悲剧中前行”,“追求社会正义,这是伦理主义的目标,但是,许多东西在伦理主义范围内是合理的,在历史主义范围并不合理”③;同理,在历史主义范围内是合理

①童庆炳:《“历史 3”——历史题材文学创作的历史真实》,载《人文杂志》2005 年第 5 期。
②童庆炳等著:《历史题材文学创作重大问题研究》“前言”,经济科学出版社 2011 年版,第 17 页。
③李泽厚著:《说历史悲剧》,见《乙卯五说》,中国电影出版社 1999 年版,第 106 页。

的，在伦理主义的范围里就不一定合理了。李泽厚的“伦理主义与历史主义的二律背反”命题，不但可以解答、阐释当代社会现实中所产生的种种矛盾、困境，对于过去的历史也同样具有解释力。童庆炳 1999 年提出的“历史理性与人文关怀之间的张力”，与李泽厚的观点可以说是异曲同工，它的优点在于提出了“张力”论，指出“作为历史学家和历史题材文学家，就一定要认识到历史的前行总是带有悲剧性。历史理性与人文关怀总是顾此失彼。没有一段历史的发展是完全美好的，完全不损害人民利益的，完全没有价值缺陷的。历史上许多时代，特别是历史进步的时代，总是存在着历史理性与人文关怀的二律背反”①，因此，作家的价值判断可以是亦此亦彼的。正像童庆炳所指出的，新时期以来，以中国帝王将相为题材的历史文学作品，都没有意识到伴随历史发展的悲剧性，无价值原则的鼓吹、粉饰比比皆是。历史被简化了，历史人物被偶像化了，这些作品基本上经不起真正的价值标准的检验。童庆炳的批评可谓是振聋发聩。

（四）历史题材文学与现实对话问题。历史总是处在过去、现在和未来的时间链条中，过去的生活与现在的生活可能是异质的，但它们又可能会有相同的结构，即所谓“异质同构”。法国现代历史学家布罗代尔提出，我们既“用现在解释过去”，又“用过去解释现在”，“如果人们要理解现在，那么就应该调动全部历史的积极性”②，即以历史的经验和教训为借鉴，让历史参与到现实的改革中来。这就是所谓的“以史为鉴”。为了更好地理解和描述过去的历史，必然需要认识我们自身所处的时代，需要深入研究现实生活；否则，“我们就可能从过去抓来一堆无用的历史垃圾，来污染现实的环境。这

①童庆炳等著：《历史题材文学创作重大问题研究》“前言”，经济科学出版社 2011 年版，第 20 页。

②［法］费尔南·布罗代尔著，刘北成、周立红译：《论历史》，北京大学出版社 2008 年版，第 183 页，第 197 页。

不但对我们现实毫无益处,而且这历史的病菌,麻醉我们的意识,破坏现实的生态"[①]。因此,童庆炳指出,过去与现在的双向对话,成了历史书写的重要目标:一方面,作家要"用现在去解释过去",以时代的眼光去观照历史,从中发现时代的精神,并以生动的形象体现时代的精神。历史都是昨天的,但作家的眼光则是现代的。以现代的眼光去发现昨天的历史,所发现的精神是与我们今天时代的需要息息相关的。另一方面,作家要"用过去解释现在",历史题材的创作不是对历史的复制或还原,也不是为了普及历史知识,更不是为了寻找历史的垃圾来获得感官的享受,而是为了与现实对话,对现实发出自己的声音,让读者似乎从历史中看到了现实,看到了现实的需要,看到了现实的矛盾或生活的缺失,从而更清楚地观察现在乃至预知未来。

(五)历史题材文学的文体审美问题。历史题材的文学毕竟是文学,历史题材的创作不提供真实的历史知识,只提供所选定的历史框架、历史时限的真实的艺术形象,它的主要功能是审美欣赏。因此,作品的艺术文体审美提升至关重要。文学是一种文化,历史也是一种文化,彼此之间可以相互渗透,形成一种互动关系。历史题材的创作是文学创作,属于一种审美文化,是作家对历史的"诗意情感评价";因此,生命气息和文化内涵是历史题材文学文体的重要元素。首先,"历史文学文体的生命气息是否浓郁,既关系到文体是否把陈旧的、死的历史写活了,而且也关系到文体的独特创作个性问题"[②]。当前历史题材文学创作文体一个突出的问题,就是缺乏个人的生命气息:我们听不到历史的声音,听不到古人真实的对话,看不到古代的生活场景。其次,历史题材文学创作写历史,这就不能不讲究文体是否充满那个

---

①童庆炳等著:《历史题材文学创作重大问题研究》"前言",经济科学出版社2011年版,第24页。
②童庆炳等著:《历史题材文学创作重大问题研究》"前言",经济科学出版社2011年版,第28页。

时代的文化内涵。历史是时间之流，按照布罗代尔的看法，有“地理时间”“社会时间”和“个人时间”。这就意味着历史可以分为一系列的层次：其一，从地理时间看，有地理环境的历史；其二，从社会时间看，有社会史，一种有关群体、集团的历史；其三，从个人时间看，有“事件的历史”，“这种历史是表面的骚动，是潮汐的强烈运动所掀起的浪涛，这是由短暂、急促、紧张不安的波动构成的历史”①。对历史文学创作而言，必须从一个层次转到另一个层次，或是三个层次融合为一。然而，当前，历史题材文学创作更多地看重“事件的历史”，而丰富的具有魅力的文化则往往被剥离掉了：“我们没有或很少看到具有独特文化性的言语、文字、风俗、习惯、神话、宗教、信仰、人伦、孝道、友情、人性、灵魂、文学、绘画、音乐、舞蹈、书法、建筑、医疗等的集合表现。有时也随笔写到，但都是个别的、偶然的笔墨，不是把文化当作一种经营的文体来对待，没有渗透到事件的连接中形成一种能够让读者突出地感受到的文化氛围。”②

童庆炳总结说：“对于历史文学创作而言，历史观是创作的指导思想，历史真实是创作的核心地带，价值判断关系到对历史的深刻评价，与现实对话是历史题材文学的意义所在，文体审美化则是创作的艺术魅力。如果我们的作家把上述五个向度问题都解决好了，那么一定会有更多更好的历史题材的优秀作品涌现出来。”③童庆炳对于历史题材文学创作问题的研究，是其“文化诗学”理论在实践层面的进一步延伸。

正是在大历史观、审美意识和现实关怀三种力量的相互指涉、彼此照应中，童庆炳动态地把握住了文学与历史之间的互动关系，使其形成一种思考

①[法]费尔南·布罗代尔著，刘北成、周立红译：《论历史》，北京大学出版社2008年版，第4页。
②童庆炳等著：《历史题材文学创作重大问题研究》“前言”，经济科学出版社2011年版，第30—31页。
③童庆炳等著：《历史题材文学创作重大问题研究》“前言”，经济科学出版社2011年版，第31页。

的张力,思想随之走向了精微和深邃。“文化诗学”借力于“文化研究”的思路与方法,极大地拓宽了传统文学研究的视野。

2012 年,童庆炳将“文化诗学结构”概括为一句话:“一个中心,两个基本点,一种呼吁。”所谓“一个中心”,指的是文学的审美特征,文学必须首先是文学,是具有审美价值和积极社会意义相融合的一种审美文化。“两个基本点”:一是要有过细的文本分析,二是分析文学作品必须进入历史语境,并把这两点结合起来。这里,“历史语境”迥异于以往的“历史背景”,后者只是关注到作家作品和文学发生、发展所处历史时期一般的政治、经济文化的状况,“历史语境”则要进一步深入到作家、作品产生的历史具体的机遇、遭际和情景之中,切入到产生某个作家或某部作品或某种情调的抒情或某个场景的艺术描写的历史肌理里面去。简言之,“历史背景”着力点在一般性,“历史语境”着力点在特殊性。“一种呼吁”,即将内部研究与外部研究、结构与历史、文本批评与介入现实紧密结合,发出一种促使现实社会走向平衡发展的吁求。“文化诗学”从文本批评走向现实干预,这是一个崭新的文学理论及批评话语,这个话语折射出了社会的时代的要求①。作为一种文学理论的未来形态,“文化诗学”必将推进我们时代的文学理论和批评,为文学事业的发展做出应有的贡献!

①参阅童庆炳:《文化诗学结构:中心、基本点、呼吁》,载《福州大学学报》(哲学社会科学版)2012 年第 2 期。

第九章　中国文学理论教材建设

19世纪思想史的首要标志就在于知识的学科化和专业化，即创立了以生产新知识、培养知识创造者为宗旨的永久性制度结构。

——［美］华勒斯坦

一、“初创教材”

20世纪中国高校文学理论教学曾经历了三次转型：第一次是20世纪初到三四十年代，由以中国古代文论为结构核心转到以西方文论、新文学观念为结构核心；第二次转型是1949年到1976年，转到以意识形态为结构核心的前苏联文论；第三次转型是1976年至今，转向学科自觉、中西融合、中国化的文论教学。“第一次转型带来了现代的文学观念和科学规范，体现了学科的自觉意识，但丢弃了传统的古代文论。第二次转型带来了马克思列宁主义文论，同时也带来了庸俗社会学和教条主义，拒绝了古代文论和西方文论。”[1]第三次转型正在进行之中，童庆炳的文学理论教材编写便处于这一重要时刻。自20世纪80年代以来，童庆炳前后主编的教材不下10种，他在不同阶段主编的若干文学理论教材，备受学界赞誉，为中国当代文学理论教材建设做出了不可磨灭的重要贡献。

1949年至今，“文学概论”一直被列为高校中文系的统设课程。1950年8月中央人民政府教育部颁布的“教学大纲草案”，要求文艺学的教学内容“应用新观点、新方法，有系统地研究文艺上的基本问题，建立正确的批评，并进一步指明文艺写作及文艺活动的方向和道路”。然而，从1951年11月到1952年4月在《文艺报》开展的“关于高等学校文艺学教学中的偏向问题”的讨论，成了大学理念和精神在当代中国发生根本性转变的标志性事件。这次教学“纠偏”的讨论，实际上是一场知识分子意识形态的改造运动，此后，文艺学教学发生了结构性的变化，以延安为代表的革命文化传统开始系统介入并取代以北京大学、西南联大为代表的学院文化传统，“五四”新文

---

①程正民、程凯著：《中国现代文学理论知识体系的建构——文学理论教材与教学的历史沿革》，北京大学出版社2005年版，第137页。

化运动以来倡导的独立精神、学术自由的传统，在政治意识形态的干预下幻灭①。相对独立的学术从属于政治制度和意识形态，从思想、学制、课程和教材等方面，都首先向当时有30多年社会主义实践经验的苏联学习。

在50年代，文学理论教材直接从前苏联"拿来"，主要采用了维诺格拉多夫的《新文学教程》（以群译，上海天马出版社1937年版）、季摩菲耶夫的《文学原理》（查良铮译，上海平明出版社1953年版）和毕达可夫的《文艺学引论》（北京大学中文系文艺理论教研室译，高等教育出版社1958年版），还有柯尔尊的《文学概论》（1958年在北京师范大学苏联文学研究班、进修班讲课的讲稿）和谢皮诺娃的《文艺学概论》（1958），等等。其中影响最大的是季摩菲耶夫的《文学原理》和毕达可夫的《文艺学引论》，当时大多数人把它们奉为经典，顶礼膜拜。这些前苏联的文艺学教材往往把文学问题视为政治问题，把文艺界的斗争全视为阶级斗争，把思想性当作衡量文学作品的首要标准。除了政治化，另一个突出问题就是哲学化，即往往把文学理论问题简单等同于哲学概念，严重忽略了文学作为人类精神本体对象化的审美共同性，存在着浓厚的教条主义和庸俗社会学倾向；在研究方法上则表现为单一化，只尊奉社会历史分析的方法，排斥其他研究方法。50年代中期，我国高校也出版了一些自编文学理论教材，如巴人的《文学论稿》（上、下册，1954）、刘衍文的《文学概论》（1957）和山东大学中文系文艺理论教研室编的《文艺学新论》（1959）等，但几乎都是"苏式马克思主义文艺学"与"毛泽东文艺思想"的混合体，在整体上并没有摆脱前苏联教材的体系和框架。

1958年的"大跃进"给国民经济和社会生活各领域带来了极大的灾难，六十年代初，中央提出"调整、巩固、充实、提高"的方针，对各个领域进行政

①孟繁华著：《中国20世纪文艺学学术史》第3部，上海文艺出版社2001年版，第123—127页。

策上的大调整，如，文艺政策方面提出了“文艺十条”和“文艺八条”等。与此同时，中苏关系从政治领域、经济领域到意识形态领域逐渐破裂，对外关系由向前苏联“一边倒”转向“独立自主、自力更生”。在这种情势之下，从1961年初开始，国家全面铺开高校文科教材（总数达二百余种）的编写工作，整个工作由时任中宣部副部长周扬主持，高教部设有专门机构，从全国调集数以千计的专业人员参与其事。这可能是新中国成立以来规模最大的学术建设工程。针对《文学概论》的特点，周扬提出了一些具体的要求，如“不能只讲政策，要讲规律性的知识”，“规律一定要从历史研究中来”，“要总结中国的经验，创造中国化的文论”，等等①。1961年8月，周扬拟订了一个详细完整的大纲，它由本质论（总论）、发展论、创作—作品论、批评鉴赏论和文艺政策论五大部分组成。为了联系当时的实际，他设置了第三章“文学与政治”；为了突出思想斗争和阶级斗争，他设置了第十章“文学批评和思想斗争”；第十一章“社会主义文学的发展和共产党的领导”的设置，则是为了避免把“双百方针”以及“工农兵方向、继承与革新夹到中间去谈，显得不谐调”②。周扬还对教材所涉及的文学理论一系列重大问题发表了自己的意见。如，他不同意“文学反映生活并表达作者思想感情”和“文学反映生活本质”的提法，也不赞成“文学的党性原则”“党的文学原则”和“党的文学”等提法。周扬明确提出：“不要把《文学概论》写成对党的文艺政策的解释，高等学校还可以开两门课，一是毛主席的《在延安文艺座谈会上的讲话》，另一门课专门讲文艺政策。”③不过，谈到讲述“文学是什么”时，周扬还是主张把

①程正民、程凯著：《中国现代文学理论知识体系的建构——文学理论教材与教学的历史沿革》，第203—212页。

②周扬著：《周扬文集》第3卷，人民文学出版社1990年版，第250—254页。

③周扬著：《周扬文集》第3卷，人民文学出版社1990年版，第236页。

毛泽东的看法（“作为观念形态的文艺作品，都是一定的社会生活在人类头脑中反映的产物”）作为文学的定义。

在周扬的直接指导下，当时就文艺学教学编写了南北两本统编教材：一本是“海派”代表作，即以群主编的《文学的基本原理》（1961 年 5 月开始编写，1963 年 2 月出版上册，1964 年 8 月出版下册；1978 年被定为高校文科教材，1979 年 7 月修改后第 3 次印刷，1980 年修订为单册出版），一本是“京派”代表作，即蔡仪主编的《文学概论》（1961 年 5 月开始编写，1963 年夏形成讨论稿，1978 年又进一步修改，1979 年 6 月出版）。它们一改以往教材的旧貌，在总结经验教训的基础上，试图排除当时“左”的文艺思潮的干扰，开始走自己的路。20 世纪 80 年代，这两部教材在全国各高校普遍使用。“由于时代局限，两部教材都以哲学的认识论为逻辑起点，以政治意识形态统领整个体系。……这两部统编教材，作为文学理论的经典表达，作为文艺学基石的知识范型，更多受制于国家权力话语和意识形态的掌控。”①在基本理论方面，《文学的基本原理》和《文学概论》明显脱胎于前苏联文艺理论体系，仍然缺乏理论创新，存在不少问题，并没有达到周扬所提出的要求和预期目标。

1983 年 7 月至 1984 年 4 月，童庆炳参与中央组织部组织的自学高考工作，任“文学概论”学科委员，编写了党政干部基础科《文学概论》（上、下册）教材，并在北京电视台主讲《文学概论》，每周三下午播出，固定听课人数多达 16 万。考虑到这个讲座是为了帮助大家系统地自学文学概论，童庆炳说：“我在写讲稿过程中，尽可能做到凡基本概念都有明确的定义，凡重要观点都加具体的例子；既谈自己学习文学理论的体会，又力求吸收新中国成立三

---

①傅莹著：《中国现代文学理论发生史》，上海文艺出版社 2008 年版，第 35 页。

十多年来文学理论的研究成果，辑录和转述一些理论家、作家在各个问题上的精辟见解。”[①]1984 年 2 月和 5 月，红旗出版社先后出版《文学概论》上、下册，全书 42.8 万字，第 1 次印刷 31.4 万册；同年，童庆炳获得北京市“劳动模范”称号。

在《文学概论》的“绪论”里，童庆炳首先指出，“文学理论是关于文学和社会生活各部门的关系的科学”；其次，“文学理论是关于文学自身的特殊本质和特殊规律的科学”；再次，“文学理论又是关于文学与读者关系的科学”——这三方面的内容不是截然分开的，而是互相联系、互相渗透的。全书共十章，分别讲述文学的本质和特征、文学作品的内容和形式、文学的体裁、文学的创作过程、文学的创作方法、文学的风格和流派、文学的发生和发展、文学的社会性质和社会作用、文学欣赏和文学批评。无论是结构安排还是基本观点，童庆炳的《文学概论》都开始有意识地摆脱“前苏联模式”与“仿苏模式”，试图从政治话语向文学话语转移，具有非常鲜明的“革新”倾向。在《文学概论》的第一章“文学的本质和特征”中，童庆炳明确提出：

> 社会生活是文学的唯一源泉。文学是社会生活的反映。其实，包括文学在内的全部意识形态（政治、法律、道德、哲学、艺术、宗教等）和一切社会科学，都是客观的社会生活的反映，都以客观的社会生活为源泉，所以文学是社会生活的论断只是阐明了文学和其他意识形态以及一切社会科学的共同的本质，只是回答了“文学是什么”的第一个层次的问题。然而，我们仅仅认识文学和其他社会意识形态以及一切社会科学的共同本质是不够的。……我们还必须阐明文学区别于其他社会

①童庆炳著：《文学概论》下册“后记”，红旗出版社 1984 年版，第 619 页。

> 意识形态以及社会科学的特征。弄清楚文学本身自身特殊的本质,即回答第二层次的问题。那么,文学反映生活的特殊性是什么呢?我们认为文学对社会生活的反映是审美的反映。审美是文学的特质。……
>
> 文学之所以是文学就在于它是对社会生活的审美反映,文学的崇高目的是要按照一定的社会审美理想来改造人的生活,使人的生活变得更美好。①

第一章分三节展开,即"文学是社会生活的反映""文学是社会生活的审美反映"和"文学是语言的艺术"。通过逐层深入的剖析,童庆炳揭示了文学反映生活的特殊性:"文学以人们的整体的、具有审美属性的社会生活作为反映的独特对象和内容,以艺术形象、特别是以典型形象作为反映的独特的形式,而无论是文学独特对象、内容,还是由这种独特对象、内容所决定的反映的形式,都具有审美的特性,因此,对生活的审美反映是文学的基本特征。"②童庆炳有意识地将自己80年代初的研究成果转化为文学基本原理,在《文学概论》里第一次以"审美特征"论颠覆、取代了"形象特征"说,从此,"审美反映"成了文学理论教材的核心概念之一。这是1984年版《文学概论》的最大创获。

1985年,童庆炳与钟子翱等人合编的《文学概论》上、下册由北京师范大学出版社出版,全书58万字,童庆炳撰写25万字。此书被指定为北京市自学考试用书。1988年2月,高等教育出版社出版了由童庆炳主编的高等教育自学考试汉语言文学专业用书《文学理论导引》。除"绪论"外共有"六

①童庆炳著:《文学概论》上册,红旗出版社1984年版,第46页,第48页。
②童庆炳著:《文学概论》上册,红旗出版社1984年版,第65页。

>>1985 年在桂林

编”：本质论、构成论、创作论、风格论、鉴赏批评论和发生发展论，分别由童庆炳、赵廷鹏、刘谦、齐大卫和刘庆福等撰写。在理论体系上，《文学理论导引》比 1984 年版的《文学概论》更为完备，并第一次将文学“审美意识形态”论写入了文学理论教材①。

1990 年，武汉大学出版社出版了由童庆炳主编、徐中玉等主审的全国高等教育自学考试汉语言文学专业指定教材《文学概论》。童庆炳编写了这一教材的提纲，在理论体系上，除“导论”外共有“五论”（五编）：本质论、构成论、创作论、发生发展论和鉴赏批评论，“审美意识形态”论仍是“本质论”的核心内容。1994 年，童庆炳等人修订此书时，充分吸收了八十年代以来从国外介绍来的不少合理的成分及国内研究者的新认识、新成果。1995 年，此书修订本由武汉大学出版社出版。2006 年，《文学概论》再次修订，改由北京大学出版社于 2007 年 1 月出版发行，该修订版以“文学四要素”为“坐标”，形成了再现说、表现说、实用说、客观说和体验说五种文学观念，进一步弱化了以往机械唯物论的反映论在《文学概论》中的主导地位。作为全国自考教材，2007 年版《文学概论》的印数达到数十万册，不仅为三十个省市的广大自学考试者所用，而且被有的普通高校中文系选择作为教学用书，产生了极大的社会效益，这在新时期以来的诸多同类自考教材中是罕有其匹的。

①参阅本书第四章“创构审美诗学”。

文学“审美反映”论、“审美意识形态”论是20世纪八、九十年代学术界的基本思想和主要思潮，它们为拨正当代文学政治化的倾向，重新建立文学研究的学理坐标，提供了非常宝贵的理论资源。1984年版的《文学概论》，1988年版的自考教材《文学理论导引》，先后将“审美反映”论、“审美意识形态”论写入文学本质论，是这两部文学理论教材的最大创获，它们可谓童庆炳主编的文学理论系列教材中的“初创版”。

二、“换代教材”

1990年，教育部决定编写一南一北两部文学理论教材，北方指定由童庆炳任主编，联合有影响的师范院校的人员编写；南方指定由王元骧当主编，联合综合大学的人员编写。参加北方文学理论教材编写的，有北师大的童庆炳、王一川，辽宁师大的曲本陆、宋民，山东师大的李衍柱、杨守森，湛江师院的李珺平，浙江师大的杜卫，重庆师院的张荣翼，华南师大的柯汉琳，南京师大的高小康，安徽大学的顾祖钊，西南师大的曹廷华，贵州师大的梁素清，江西师大的陶水平。1990年，第一次教材编写会议在当时的西南师范大学召开，会议期间童庆炳两次参观了大足石刻，被它那精妙的艺术之美所折服。大足石刻给童庆炳如何编写文学理论教材以很大的启发。半年后，北方编写组在辽宁师范大学召开了教材统稿会，整整花了半个月的时间，一章一章地进行讨论，差不多两天一章地进行。中间当然也有许多争论，但还是比较顺利完成了。而南方由王元骧主编的文学理论教材，因为编写过程中内部意见不一、争论不休，最终只编出了一个内部印行的提纲，没能编写出正式的教材来。因此，《文学理论教程》后来就成了教育部统编的唯一一部文学理论教材。

在90年代出现的诸多文学概论教材中，由童庆炳主编的《文学理论教程》是比较突出的一部，它被誉为我国当代第一部教材整体面貌稳妥又有较大改变的文学理论“换代教材”。作为高等师范院校的“文学概论”教材，《文学理论教程》一开始就强调“师范性”的特点，提出“不但要使学生掌握文学的一般原理和相关的知识，而且还要让学生更具体、更深入地理解文学作品的样式、类型、形态、结构、层次、叙事和抒情的技巧和风格特征等，并进而具有较强的分析作品的能力”①。全书十六章，有六章内容展开对文学作品各方面的解析和阐述，旨在提高学生感受和分析作品的能力。1992年3月《文学理论教程》由高等教育出版社出版后，被全国几十所院校（包括综合性大学）使用，颇受师生的好评。《文学理论教程》的出版，标志着文艺理论新体系的诞生，也标志着自80年代以来“文学概论”教材范式的革命取得了成功。

作为“换代教材”，《文学理论教程》取得突破的重要标志在于：文学回到了自身，文学理论真正成为关于文学的理论。1997年，2004年，2008年，2015年，《文学理论教程》先后四次修订，不断完善；童庆炳将自己在新时期以来各阶段所提出的诸多学说，以及文艺理论界的最新研究成果，都内化到了中国文学理论当代形态的生成机制与体系建构之中，并上升成为文学理论的基本原理，编写进了这部《文学理论教程》。这正如童庆炳在1997年“修订版后记”中所言：“它摆脱了50年代前苏联旧教材的范式，同时又坚持了马克思主义世界观、方法论的指导，坚持了经过文学实践检验的马克思文艺理论的基本原则；对西方20世纪以来的各种文学理论观点，进行实事求是的鉴别和筛选，吸收了其中有价值的成分；对中国古代文学理论的精华加以

①童庆炳主编：《文学理论教程》（修订二版）“初版后记”，高等教育出版社2004年版，第382页。

融合，纳入到新的理论体系中来；对新时期以来文学理论研究所取得的成果，凡正确的、深刻的，都酌情加以吸纳；对当代现实文学活动中提出的问题也尽可能给予了具有科学理性的回答，使整个教材面貌在稳妥中又有了较大的改变。”①教材本身宏大的体系、学术的包容性与视野的开放性、理论性与实践性及其中西理论的交互性生成与阐释等，都是同类教材不可比肩的，因此，有评论认为它“代表了新时期文艺学教材的最高水平”②。

《文学理论教程》建构起了中国现代文艺学的新体系，前所未有地推进了对于文学性质与文学观念的多元理解。以往的文学理论教材对文学的性质和特征只做静态和单一的考察。《文学理论教程》则试图将马克思在《德意志意识形态》《资本论》等著作中所提出的“人的活动”的范畴引入文学理论，认为文学是以活动的方式存在的，是整个人类活动中一种高级的特殊的精神活动；指出人的生活活动是文学活动产生的前提，生活活动的特性导致人与对象的诗意情感关系，导致人的自觉能动的文学创造，同时使文学成为人的本质力量的确证。教材又将文学活动论与艾布拉姆斯的“文学四要素”理论和哈贝马斯的交往行为理论相结合，把文学理解为人的一种完整动态的文学活动系统，将文学话语活动系统地看成世界、作家、作品、读者构成的一个交往循环结构：“文学理论所把握的不是这四个要素中孤立的一个要素，而是四个要素构成的整体活动及其流动过程和反馈过程”；“文学理论体系中的发展论、本质论、创作论、作品论、接受论恰好是与文学四要素构成的文学活动的结构和发展关系相对应的”③。因此，文学活动是多种要素共同构成的有机整体或系统。在这个整体活动中，主体和对象始终处于发展与

①童庆炳主编：《文学理论教程》（修订二版），第383页。

②陶东风：《大学文艺学的学科反思》，载《文学评论》2001年第5期。

③童庆炳主编：《文学理论教程》（第四版），高等教育出版社2008年版，第3页，第4页。

变化之中，一方面是主体对象化，另一方面是对象主体化，这种主体和对象的交互运动，生动地显示出了文学特有的社会的和审美的本质属性。在修订二版中，《文学理论教程》又归纳了马克思主义文学理论的“基石”，即文学活动论、文学反映论、艺术生产论、审美意识形态论和艺术交往论，指出：“从人类学的观念看，文学是人的活动；从哲学的观念看，文学是人的一种反映活动；从现代的经济学观念看，文学是一种艺术生产活动；从美学、社会学的观念看，文学是审美意识形态；从媒介和符号的观念看，文学是一种交往对话。这样，马克思主义就从人类学的、哲学的、经济学的、美学的、社会学的、媒介学的、符号学等多学科的视点来理解文学，从不同的角度描绘了文学的整体面貌。”①教材从马克思主义的多重理论来考察文学，大大拓宽了研究文学艺术的领域，多角度、多层面地切入了文学的多级本质，全面而准确地揭示了文学的性质。

由于有着内在体系高度的完整性、系统性和概括性，《文学理论教程》走在了同类著作的前列，它先后获得了北京师范大学文科优秀教材奖、国家教委优秀教材一等奖（1995 年）、国家级优秀教材二等奖（1996 年）、北京市教学优秀成果一等奖（1997 年）、国家教学教委优秀教学成果二等奖（1997 年）等奖项，并被国家教委列入“‘九五’普通高等学校国家级重点教材”，被教育部列入“‘十五’普通高等学校国家级重点教材”和“面向 21 世纪课程教材”，迄今为止，它已为国内 500 多所高校采用，发行量逾百万部，占同类教材市场的百分之九十以上。“文学是一种审美意识形态”的观点，是 20 世纪 80 年代以来童庆炳、钱中文、王元骧、王向峰等中国文艺学学者深入研究文学性质的理论创造。随着《文学理论教程》的普遍使用，这一学说不胫而走，

①童庆炳主编：《文学理论教程》（修订二版），高等教育出版社 2004 年版，第 20 页。

“一直是文学理论的一个核心共识亮点”,使得“一个不同于建国前期的新的学术体系已经具有初型”①。此外,童庆炳还将文学“审美特征”论、“审美反映”论、“历史—人文张力”说、“内容与形式的相互征服”说、文学文体论等自己的创见,融入编写进了《文学理论教程》(第四版)。可以说,这是将文学基础理论研究成果转化为教材而得以普及的成功范例。

20 世纪 90 年代,童庆炳还主编了《文学理论要略》。此书属国家教委“七五”教材规划项目,人民文学出版社 1995 年 7 月第一版,2000 年 7 月第七次印刷,屡计印数 25800 册。它以马克思主义为指导,采用了传统的哲学、社会学、心理学、符号学、语言学、阐释学等多种视角,形成了“一元多视角”的研究方法。该书编写者有童庆炳、王一川、陶东风、罗钢、丁宁、张海明、周小仪等人,他们多为文学博士或当时正在国外攻读博士学位的博士生。此书锐意革新,它既是教材,又是专著。过去有的则少写或略而不写,没有的则补写或多写,以弥补已出版的同类教材的不足,力图有所发现,有所前进,因此带有试验性质。书中还增加了中外文学理论批评史的内容,对西方 20 世纪的诸多批评流派尤为关注。全书对于当代国内外文学理论领域出现的新问题,给予比较多的关注,并充分体现了理论联系实际的原则。《文学理论要略》自觉地追求一种深度,一种学术的含量,该书五年内七次印刷,颇受读者欢迎。

2009 年 9 月,高等教育出版社、人民出版社联合出版了马克思主义理论研究和建设工程重点教材《文学理论》,教材署名为“本书编写组”。在中央的指导下,作为马克思主义理论研究和建设工程文学组的首席专家,童庆炳整合了全国高校骨干力量编写这部文学理论教材,努力将马克思主

---

①张法:《文学理论与文化研究之争》,载《天津社会科学》2005 年第 3 期。

>>2006 年在台北故宫博物院

义文论研究切入现实需要。该项目 2004 年被列为国家社科基金重大项目。作为编写组历经五年努力的研究成果，“《文学理论》教材不仅全面、准确地论述马克思主义经典作家的文艺思想，集中论述中国特色社会主义理论体系中的文艺思想，还在编写中着力突出马克思主义的指导作用，用马克思主义的立场、观点、方法阐明文学的本质、价值、功能和文学创作、文学接受、文学批评及文学在当代的发展等问题，贯彻党中央关于文学艺术工作的方针原则，体现马克思主义文学思想的鲜明特色，反映革命文学和社会主义文学事业的崭新实践”①。新中国成立后由党政机构大规模组织编写文科教材的情况有两次，前面所述的 20 世纪 60 年代初是第一次，新世纪马克思主义理论研究和建设工程重点教材的编写出版是第二次。随

①赵超:《马克思主义中国化最新成果的反映——马克思主义理论研究和建设工程第一批重点教材编写出版综述》，载《光明日报》2009 年 1 月 3 日。

着《文学理论》在高校的投入使用,这本教材将发挥出重大的理论辐射和影响力。

三、"拓展教材"

20 世纪 90 年代初,后现代主义文化思潮涌入了尚处于初步发展状态的中国,迅捷弥漫和覆盖了当代中国的文化版图,人们的某些价值观和审美观念发生或正在发生着剧烈的蜕变。后现代主义文化与全球化语境将文学问题引入了一个更大的理论空间,一批重大的文学理论体系命题必须置于变化了的现实语境重新予以考察和定位。文学理论必须及时调整、拓宽自己的研究对象和研究方法,只有开放文学理论才能发展文学理论。如何在新的教材中体现时代提出的要求,如何更好地讲述文学理论,成了人们亟待解决的难题。

早在 1997 年,童庆炳、王一川申请到了教育部师范司的一个课程教改项目"在双向拓展中更新文学理论教程",该项目提出了"文学理论教学的双向拓展"的改革策略,力图"把专业性与跨学科性结合起来,把理论性与批评性结合起来,从而形成文学理论课程的专业知识与跨学科知识、理论知识与批评实践相融合的新品质,使学生在学习过文学理论课程之后,既具有深厚的理论知识结构,又具有实际的文学作品或大众文化作品的解析能力"①。为此,文学理论教学的革新向宏观和微观两个方面拓展。一方面向宏观的跨学科的文化研究拓展,大胆向其他学科开放,扩大文学理论的边界,如在本科基地班开设"文化诗学"的课程,显示了探讨文学艺术问题的多视角。与

①童庆炳、王一川:《文学理论教学的双向拓展》,载《中国大学教学》2001 年第 6 期。

此同时，又从跨学科的角度进行“文化与诗学”课题研究，出版了“文化与诗学”丛书。教学改革的另一方面是向微观的文本方面拓展，走向具体、实际而活泼的文本批评，并在文本批评中延伸文学理论。如，1997 年修订了《文学理论教程》，重点增加了文本的分析，全书共十六章，涉及文本分析的章节近一半。此外，为了加强微观的文本分析，还专门开设了“批评理论与实践”这一课程，以不同流派的理论批评方法剖析一篇篇具体作品。这是针对文艺学教学、研究危机的一次卓有成效的回应，它使文学理论从萎靡中重新焕发出青春活力。

进入 21 世纪，童庆炳指出，由于长期以来受到前苏联的影响，在教育部制定的教学计划中，“概论”“通史”大行其道，而不强调中文原著（理论作品、文学作品）的教学，特别是不重视经典原著的阅读与教学。因此，我们编写的古今中外杂糅性的“概论”“通史”，理论的概念或结论未能充分历史语境化，而是带有形而上学的痕迹。这种形而上学的基本弊端是否认事物是变化的、发展的，因而是僵硬的、凝固的，不能反映事物和人的精神观念实际的变化，甚至去追求所谓的“最终解决”和“绝对真理”。表面上看，“概论”“通史”这些课程比较系统完整，似乎可以使学生获得系统完整的知识，其实不尽然。越是系统完整的东西，越可能远离本原的事实与真相，甚至成为一种“学术的神话”，离原著的内容可能相差甚远。经由这些“概论”成为“通史”培养出来的学生，所获得的知识往往是大而化之的，甚至是形而上学的，而对所确定的具体名篇、原著知之甚少。其结果是“两头落空”：一头是宏观上能“侃侃而谈”，发表些大而化之、言而无当的议论；一头是对具体的名篇

>>2008 年春节在书房

名著知之甚少，说不出个所以然，实际上处于无知状态①。为了扭转这种“束书不观，游谈无根”的空疏浮泛之风，童庆炳明确提出，当前我国文学学科教学改革应有的方向，是回归名篇和原著的阅读与教学，这是我们文学教学的第一要务。

2004 年 5 月，童庆炳主编的《文学理论新编》的编写正式启动，数易其稿后，2005 年该书作为“新世纪高等学校教材”列入“中国汉语言文学专业丛书”，由北京师范大学出版社出版发行。《文学理论新编》出版后，其内容曾在北京师范大学本科教学、北京市自学考试、相关硕士学位课程班的课堂上讲授过，均收到了很好的效果，并获“中国大学出版社优秀教材一等奖”。2008 年 10 月，在童庆炳的主持下，对此书做了修订，第二版的《文学理论新编》内容更为精粹，表达更为深入浅出。2010 年 2 月，第三版的《文学理论新

①童庆炳：《回归名篇原著的阅读与教学——谈谈当前文学学科教学改革的方向》，见“文艺学新问题与教学改革”学术研讨会论文集，北京：2011 年 10 月 21—23 日。

编》被列入“普通高等教育‘十一五’国家级规划教材”“北京市高等教育精品教材立项项目”“汉语言文学基础课系列教材”，仍由北京师范大学出版社出版发行。

自2007年以来，以《文学理论新编》的编写思路为参照，童庆炳主编完成了一套“文艺学系列教材”，即《中国古代文论新编》《中国近代文论新编》《中国现代文论新编》《文学批评新编》《大众文化理论新编》《文艺社会学新编》《文艺心理学新编》《20世纪西方文论新编》和《文艺符号学新编》（待出），加上《文学理论新编》一共10本，它们由北京师范大学出版社陆续出版，分别供本科生基础课、选修课使用，还有几本供研究生教学使用。

那么，《文学理论新编》是怎样引导学生学习名篇、原著的呢？童庆炳的构想是：以往的同类教材往往是观念先行：编写理念既定，也就确立了教材的编写结构框架；然后是分章分节，最终以“六经注我”的方式完成了教材的编写。而《文学理论新编》每章“精选出两篇（第四章为三篇）古今中外文学理论大家或作家的文章作为其内容之一，然后，通过对文本的详细注释和‘作者简介’‘背景知识’‘文本解读’三个环节，去释放‘经典文本’的魅力。由于‘经典文本’是对某个具体问题的发言，而无法完全涵盖某个文学理论的大问题，于是每章中又设计了‘相关问题概说’，旨在对某一类问题作出补充性的说明、较系统的阐释”①。在“经典文本”的编选上，古今中外兼而有之，最大程度地体现了阐幽发微，上挂下连，中西融会，古今贯通，展示了一种胸怀古今、放眼中外的恢宏气魄。选取这些经得起时间检验的“经典文本”，目的在于引导学生进入诸多问题的论域，通过对这些文论经典文本的仔细考索、认真解读，在理论的辨析与观点的评价中，开掘出隐于其中的深

①童庆炳主编：《文学理论新编》（第三版）“前言”，北京师范大学出版社2010年版，第1—2页。

刻思想、真实意蕴，而不是让它们一味地成了现代知识论的从属与剖析对象，使学习与研究沦为凌空蹈虚的游戏。这样，传统的“六经注我”的编写思路为“我注六经”所取代，学生经由原汁原味的“经典文本”的解读自然导入有关文学的基本范畴和基本理论，避免了以往空洞浮泛的知识隔膜，对历史本身萌发一种“同情之了解”，并从内心深处产生浓郁而持久的“温情与敬意”。在此基础上，再通过教师的教学引导，顺理成章、自然而然地帮助初学者走进文学和文学理论，逐步实现由感性到理性、由文学到文学理论的转换。

在具体的章节设置上，《文学理论新编》依次设计安排了文学与文学理论、文学与语言、文学与审美、文学与文化、文学抒情、文学叙事、文学与戏剧、文学写作、文学接受、文学批评、文学的风格、文学思潮的发展和文学的未来等13章，书末还有“知识点索引”。《文学理论新编》的“新”除了表现在体例结构之外，还体现在其理解文学的基本维度上。童庆炳指出，无论文学如何变化，都离不开如下三个维度：语言的维度、审美的维度和文化的维度。他说：“文学是语言的艺术，打造不出精良的文学语言，即意味着无法创作出美的文学作品；文学营造了一个诗情画意的审美空间，这个空间的有无多寡，很大程度上决定着文学作品的得失成败；文学又是与文化交往的产物，文学本身已包含了神话、宗教、历史、科学、伦理、道德、政治、哲学等文化蕴含。欠缺或丧失文化蕴含的文学肯定显得势单力薄、形销骨立。”[①]因此，《文学理论新编》以语言、审美、文化三维度作为教材的核心观念，其他的设计则是这一观念的拓展与深化。《文学理论新编》各章除了“经典文本阅读”和“相关问题概说”外，还有“思考题”和“辅助阅读材料”，它们为初学者提

---

①童庆炳主编:《文学理论新编》第三版“前言”，北京师范大学出版社2010年版，第2页。

供了一个更大的理论背景，营造了一个阐释、解读的自由空间；这有利于培养学生的问题意识与思辨能力，切实提高学生的理论素养，从而真正实现文学理论教学由单纯的知识传授向思维开拓的巨大转变。

2011 年 3 月，中国人民大学出版社出版了童庆炳主编的《新编文学理论》，这本教材的编写者有钱翰、吴子林、杨红莉、吉新宏、黄春燕、边利丰、方国武和凌晨，他们大都是童庆炳指导过的年轻的文学博士，是近年来中国文学理论界涌现的一股新生力量。以往的文学理论教材基本上是按照文学理论专题，把中国古代文论和西方文论的资源融合在一起，建构成一种专题性的理论形态。事实上，作为各自历史文化的产物，中国古代文论和西方文论是“异质”的理论形态，想要完全融合是勉为其难的，牵强、拼凑之谬误难以避免。为此，该教材改变了以前的中西融合的作法，按照“文学与世界”“文学与作者”“文学作品”“文学与读者”“文学的价值”五个专题，将中国古代文论和西方文论分开叙述，再作非常扼要的比较或对话。这种“比较文学理论”的编写方式，有三大优点：其一，忠实于学术本身，对于中国古代文论和西方文论不同的问题意识，对于问题基于文化历史根本差异而产生的不同回答，都力求原原本本展现在读者面前，从而不失中西文论不同的面貌；其二，充分展现中西文论的异中之同和同中之异，既凸显中国古代文论的特色，了解中国古人对文学问题的独特思考，也显示西方文论的风貌，了解西方文学理论的发展轮廓；其三，解决长期以来文学理论教材编写存在的中西“一锅烩”问题，提供真实的而非似是而非的知识①。

从 1984 年的《文学概论》，到 2008 年的《文学理论教程》（第四版），再到《文学理论新编》（2010 年）和《新编文学理论》（2011 年），我们清晰地看到

---

①童庆炳主编：《新编文学理论》“绪论”，中国人民大学出版社 2011 年版，第 1—2 页。

中国文学理论教材建设从“建构”到“解构”的复杂历程,也瞥见了由“本质主义”到“反本质主义”的时代变幻的魅影。童庆炳主编的《文学理论新编》与《新编文学理论》,较为成功地克服了《文学理论教程》的某些不足,如古今中外杂糅,理论的阐释未能充分历史语境化,带有形而上学的痕迹等,体现了可贵的开拓性与超越性;它们以对立统一的整体知识形式将文学“经验自身的统一”重新归还给学生,有助于切实提升学生的文学理论思辨能力。

作为一个有着深刻学科意识的学者,童庆炳数十年来放眼世界,以创建中国当代文艺理论为己任。他不仅建构了中国审美论诗学体系,而且编纂了各种具有强烈针对性、鲜明创新性的文学理论教材,成功地将研究成果转化成推动学科发展进程的动力。在如何衔接、统摄、整合中国传统文论、现代文论和西方文论等丰厚的理论资源,建构中国当代文学理论知识范型等方面,童庆炳做了许多非常有益的探索和努力,而长期引领、主持着中国文学理论教材的建设,为中国文艺学的学科建制,以及崭新知识体系和学科范型的确立,做出了卓越的贡献。从童庆炳的身上,我们深深感受到了人文知识分子崇高的使命感与历史担当精神!

第十章　语文教育新理念[①]

我们从和谐完美人性的意念出发，通过认识及传扬早已在世的最佳之物，以臻至完美的人性。

——［英］阿诺德

一、文学教育

教育是一项通过塑造个体而构建社会的工程。早在1980年，周扬在中华美学学会成立大会上提出："在人民群众中，尤其是在青少年中大力提倡和实施美育，这是一件具有重大战略意义的任务，而在当前，又有很大的迫切性。"[②]然而，大部分的美学研究者满足于在概念、范畴中作抽象的运作，热衷于"书斋美学"的理论建构，真正参与到具体的审美教育研究与实践的学者少之又少，这正如

①本章由北京第二外国语大学唐晓敏教授撰写，原文题为《童庆炳语文教育思想述论》，见李春青编：《手握青苹果——童庆炳教授七十华诞学术纪念集》，广西师范大学出版社2005年版，第197—206页，收入本书略有改动。

②周扬：《重视审美教育，加强美育教育研究》，载《美学》年刊第3期，上海文艺出版社1981年出版。

马斯洛所言,“我们对审美需要的了解比其他需要更少”①。在当代文艺学界,童庆炳是为数不多的,高度关注中学语文教育改革,倾心于文学审美教育的文艺理论家之一。

20 世纪末,有两位语文教育研究者先后编了《二十世纪前期中国语文教育论集》(下称《前期》)和《二十世纪后期语文教育论集》(下称《后期》)。对照着读这两本书,让人感触良多。《前期》所收之文多为大家之作,包括了蔡元培、陶行之、梁启超、胡适、钱基博、夏丏尊、周予同、周谷城、罗常培、黎锦熙、李长之、俞敏、郭绍虞、傅庚生、徐中玉等人的文章。《后期》则不同,除几位语言学家外,多是语文特级教师,而且主要是在应试教育中较有成绩的“应试特级”;其论文的水平,与《前期》相比简直就是天壤之别。然而,《后期》本来不应该这样苍白。它出版于 2000 年,此前已经发生了关于语文教育的大讨论,中国当代第一流的学者如施蛰存、王元化、郑敏、钱理群、童庆炳、王富仁、许纪霖、王宁、孙绍振、王晓明等,都对语文教育问题发表了自己的看法。可惜的是,这些学者的文章没能进入《后期》编者的视野。

在这一学者群体中,童庆炳占有突出的位置。童庆炳首先以文艺理论

①[美]马斯洛著,许金声译:《动机与人格》,华夏出版社 1987 年版,第 59 页。

家著称于世，同时，在语文教育理论与实践两方面都有自己的重要贡献。他自1958年起从事大学语言文学教育工作，同时也一直关心中小学语文教育。在近半个世纪的教学研究生涯中，发表的大量学术成果，有许多是属于语文教育方面的，或者是与语文教育相关。1977年语文教育改革的大讨论前后，童庆炳发表的论文及访谈录如《语文教学和审美教育》《不要错过历史机遇》《语文教学与人的建设》《语文教学改革的哲学思考》《语文教学：语言和文学的互动》《中学语文教学的目标定位》等，都在语文教育界产生了广泛而深刻的影响。从2003年起，童庆炳主编的《高中语文》教科书通过了教育部评审，2009年3月该套教材由北京师范大学出版社出版发行，它在一定程度上体现了童庆炳的语文教育理念。

按多数人的理解，“语文”就是语言、文学。由于对语文教育的价值有不同判断，语文教育界出现了“语言派”与“文学派”。“语言派”与“文学派”的区分，实际上折射着中国古今语文教育曲折的发展历史。中国传统语文教育是重视文学的。古代语文教育在孩童认识两千左右汉字之后，就开始读“文”，作“文”，语文教育的目标是培养“文人”，文人的重要特点是所作之文富有“文采”。在中国古代语文教育中，语言文字教育与文学教育不能相比。语言学是极少数专门家如许慎、段玉裁等研究的对象，而不是基础语文教育的内容。人们通常认为，是文人或现在所说的文学家，而不是语言学家，才掌握语言运用的高深的技能技巧。至今，说到语言大师时，我们想到的也是文学家，如庄周、司马迁、韩愈、曹雪芹、鲁迅，而不是语言学家许慎、段玉裁、马建忠和赵元任，因为这些语言学家虽然有丰富的语言学知识，他们在语文运用上却大大不如文学家。因此他们可以是语言学大师，而不是语言大师。

然而，从上个世纪之初起，特别是上个世纪的后半期，语言学家越来越多地影响到语文教育。这其中有深刻的社会历史原因。首先是与“西化”潮

>>2004 年冬在江西古村落

流有关。同时又有一种社会深层的原因,即语法学家做的工作与当时社会主流思维有某种“同构性”。语法学家往往是分析问题,维护一种“正确”的说法,而批评“错误”的说法,如分析病句、修改不合规范的句子等。总之是在语言运用中建立一种规范,而这规范又被认为是唯一正确的,并以此批评错误的东西。语法学家是把社会政治领域里的东西,挪到语言研究和语言教学中来了。

作为国内著名的文艺理论家和美学家,童庆炳与语言学家不同,他更重视文学的语文教育价值,这是非常自然的。童庆炳认为,“五四”时期提出的“文学的国语,国语的文学”之看法,至今仍然是正确的。他提出:“中国语文必须建立在中国文学的基础上,主要通过文学佳作学习语文;同时中国现代文学也必须以‘国语’为前提条件。一切最美好的感情在文学作品中,一切最生动、活泼、简洁和优美的语言也在文学作品中。”当然,童庆炳重视文学,但决不轻视语言。因为胡适“国语的文学,文学的国语”的说法,讲的就是语言和文学的互动关系,最好的语言在文学作品中。文学是一种语言的艺术,“最动情的语言,最优美的语言,最简洁的语言,最生动的语言,最豪放的语言,最婉约的语言等,所有这些最有特色的语言都是在文学作品中”。也就是说,通过文学来学习语言,是语言学习的坦途。而且,离开具体的优秀作品,语言无法被深刻准确地理解。比如说语言,不要孤立来讲,而应该侧重从语境来讲。语境是极为重要的。童庆炳指出："同样一个词，它本身是无所谓褒义或贬义的，如'闹'字，在一般情况下是中性的，但词组'闹肚子''闹事''闹鬼''闹别扭''闹人'……就都有点贬义了；而当你将它放在另一种组合中、语境中时，如'红杏枝头春意闹'，这个'闹'字就变得富于诗意了，鲜活起来了。所以，有很多词语完全不必像现在的语文课那样去解释，不必规定得那样死，实际上放在语境中去理解，老师不讲，学生也就懂了。要讲就讲那些有双重或多重意味的词语。"①

在采访记《不要错过历史机遇》中，童庆炳通过讲述自己指导学生实习的经历，叙述了两种不同的语文教学方式。他注意到，学生按老套的方式讲解课文时，学生没有什么反应，像小木偶似的。后来，他让学生按文学审美路子来讲课："我告诉她，这是一篇洋溢着细微情感的散文，审美性很强。我建议她重讲一遍，把这篇课文当作美育教材来讲。可以把散文分成由表到里三层。第一层是语音层。这篇散文虽不是诗，却有鲜明的节奏和优美的音韵，因此一定要朗诵好，因为音调本身对学生就有吸引力的感染力；第二层是情景层。可通过师生对话的方式，让学生了解这篇散文写了什么景，又传达了什么情，情与景是如何交融在一起，让学生感受到其中的诗意；第三层是哲学意味层。要通过教师的启发，使学生从散文所描绘的情景世界中，去品味散文中更细微、更深刻的意味，不必作什么概括。那个学生就按照我的设计将课文重讲了一遍。我印象最深的是，当她用抑扬顿挫、充满情感的语调朗读这篇散文时，教室里突然安静下来，所有的学生都聚精会神地听她朗诵。可见，她的朗诵一下子就把学生带到作品所描述的美丽的艺术世界中去，使学生真正体会到这就是文学，品出了文学的味道。在这之后，学生

①童庆炳、王丽：《不要错过历史机遇》，见王丽编：《中国语文教育忧思录》，教育科学出版社1998年版，第66页。

一改原先小木偶的样子，纷纷举手发言，尽管他们说得不太好，但是他们有感受了。如果语文教育能朝这个路子一步步走下去，那么，学生的感受力就自然会慢慢提高。”①

童庆炳进一步提出，文学的语文教育价值，又并不仅仅在于学习语言；我们应把审美教育作为语文教育的宗旨之一，“深层次的美育是通过语文教学，培养学生敏感的感知力、丰富的情感力、独特的想象力和深刻的理解力。这四者构成一个人的基本素质”。而这一基本素质正是一个人的创造力的基础，缺乏这一基础，必然是缺乏创造力的。语文教育也是一种审美教育，“深层次的审美教育是通过语文教学，培养学生敏锐的感知力，丰富的情感力，独特的想象力和深刻的理解力，这四者构成一个人的基本素质”②。这就是说，语文教育中的文学教育、审美教育是人的教育，是个性与创造力的教育。童庆炳由此提出，必须从“人的建设”的高度定位语文教学，要通过语文教学挖掘学生的潜能，培养学生的感知力、情感力、想象力、理解力以及高水平运用母语的能力，因为这些是一切创新精神的基础。在童庆炳看来，中学语文教学不仅要培养学生的语文能力，而且要为培养德智体美劳全面发展的人、肉体与精神、感性和理性和谐发展的人，尽一份力量——这才是语文审美教育的终极目的。

童庆炳还从哲学的高度对语文教育中的问题做出深刻的分析。他指出，现代世界有两种哲学：一是主要在西方文化背景下产生的认识论，一是主要在中国传统文化背景下产生的生存论。认识论的基本特征是主客体分离，强调主体认识客体及其规律。对于数学、物理、化学、历史、政治等课程，

---

①童庆炳、王丽：《不要错过历史机遇》，见王丽编：《中国语文教育忧思录》，第65页。

②童庆炳、王丽：《不要错过历史机遇》，见王丽编：《中国语文教育忧思录》，第65页。

以认识论作为教学的哲学方法论是完全正确的。但是在语文课程的教材和教学中，完全地采用认识论的哲学方法论则不够，甚至会产生技术主义的流弊，因为语文课中有知识但又不止于知识。他说："面对作为课文的大量的优秀的文学作品，面对作品中豁人耳目的形象和沁人心脾的情感和意蕴，教学的任务就不仅仅是做些语言的训练，还要引导学生深深地进入作品的迷人的世界，这就必须调动学生的感受、体验、直觉、妙悟、移情等心理机制，为作品的情景所吸引、为人物所感动，或欢呼或流泪或高兴或痛苦，在鉴赏的高潮时刻，做到'天地与我并生，而万物与我同一'，'登山则情满于山，观海则意溢于海'，阅读鉴赏主体与客体完全融合为一。这样的语文课必然会引起学生的学习兴趣，极大调动学生学习的主动性，他们也必然会在感动、欣赏、玩味之余，觉得有情非倾吐不可，有话非说不可，表达与交流就像人呼吸空气一样成为自然需要。只有把学生调整在这种状况中，通过语文教学过程，学生的语文的素质才能大大提高。"①童庆炳强调，语文教学需要调动学生的感受、体验、直觉，引导学生深深地进入作品迷人的世界。这对语文教育工作者有深刻的启示，并得到广泛的认同。

二、回归经典

2001年，围绕儿童"读经"教育问题，台湾著名学者王财贵教授在北京师范大学作了一场讲演。他提出，教育必须遵循三个基本原则：第一，要把握教育的时机；第二，要把握教育的内容；第三，要把握教育的方法。教育时机是教育的第一大关键，一旦错过关键期，终生后悔。教育时机大致可分两个

①童庆炳：《语文教学改革的哲学思考》，载《语文建设》2003年第8期。

阶段：一个是幼稚期，一个是成熟期，它们以13岁为界。根据现代心理学家们的研究，13岁之前，心志没有成熟之前，理解力比较弱，记忆力比较强，这是吸收的、酝酿的年龄，13岁之后则是理解的、表现的年龄。因此，教育孩子时，该吸收的时候给他吸收，该理解的时候引导他理解。教育时机分为两个阶段，教育内容也相应地分为两类：一类是酝酿的，从深的学起；一类是理解的，从浅的学起。孩子13岁之前，应让他吸收重要的、有深度的教材，即让他多接触、多输入，也就是多背诵文化经典。越早的时候教越深的教材，这就是以教育的内容配合教育的时机。当然，不是越长大教越浅的，而是凡是要孩子吸收的教材都要是重要的、有深度的，凡是给他理解的教材，都要按部就班、从浅到深、由易到难。教学的方法就是，该怎么教就怎么教，用最自然的、合乎人性的方法——孩子能够吸收就给他吸收，他不需要了解就不给他了解。可惜的是，我们现在的教育没有给人一生才华智慧的基础，所以长大后才华有限，而毫无智慧可言。王财贵教授是在洞察西方教育的盲点之后提出上述教育思想的，西方教育一味偏向知识和科技，而对于人性包括人文、文化、性情等方面的开发缺乏足够的重视和努力。事实上，人文教养并不妨碍科学成就，反而助长科学的成就，让人学会善用科学、善用知识，这才是完整的人生。自“五四”以来，20世纪中国社会走向现代的同时，语文教育也提出了现代化的要求。总体而言，我们的教育大体都在学西方，尤其是学美国。问题是，正如王财贵所言，“发现中国缺乏现代科学知识，就努力去学科学知识，但如果认为要学科学就要先打倒自己的文化，这是把人当动物来看，把人当茶杯当桌子来看，这是污蔑了人性”。

精神文化的现代化是一个非常复杂的问题，离开对传统优秀文化的继承，现代化是难以成功的。而从语文教育的实际情况看，中国古代教育有丰富的经验，但长期以来，这些经验或是没有被重视，或是只注意一些皮毛。

>> 童庆炳在讲课中

时至今日，语文教育界大多强调语文教育要紧跟时代，与时俱进，同时从功利出发，要求学生学习、掌握“有用”的知识与技能。再如张志公等人，更是强调写作的实用性，要求学生写各种各样的文体。比如公文、笔记、报告、总结、试验报告，甚至广告、商品说明书等。在拒斥这种流行的工具性教育思想方面，童庆炳的教育理念与王财贵相通，不过有别于王财贵“读经”的主张，他特别强调的是经典作品的语文教育价值。在选编语文课文时，童庆炳一直坚持“经典性”标准，他说：“我们所选择的作家作品，必须是学界认同的文学发展史有重要地位的作家，具有经典意义的作品，凡文学史上、文章史上无地位的作家作品一律不入选；课文所选取的作品一律是这些作家的代表作或最为优秀的经典作品，凡经不起历史检验的作品一律不选。”又说：“语文教材应主要选我们民族历代的名篇佳作，即所谓的美文。外国的篇章不要太多。当代的那些通讯报告基本不要。语文教学应与美育相结合。……教材必须多选文学作品中的名篇佳作。教法则要根据不同篇章的思想艺术特点，寻求不同的教法。决不能千篇一律，决不能用一个刻板的模式去宰割艺术风格各异的作品。美文必须按美文的特性来讲。"①

童庆炳深刻地看到了传统与现代化之间的内在联系。所谓现代，是传统的合理的发展，真正的现代化必然包含传统的丰富内容，而传统并不是遥远的过去，其有价值的东西就在我们身上、心中。在童庆炳看来，从一定的意义上说，正是孔子教会我们如何去爱人去学习去过具有道德感的生活，正是屈原教会我们在茫茫的黑夜中去上下求索，正是陶渊明教会我们如何远离尘嚣如何去亲近自然，正是李白的诗教会我们如何去洒脱如何去望月如何去思乡，正是杜甫的诗教会我们如何去爱国又如何去爱家如何去爱朋友……只要是优秀的，就是人性的，就是恒久的，就是普适的，就必然具有某种现代意义。许多语文教育研究者都认为，小学和初中的语文教育作为基础教育，主要应让学生学习一些实用的语文知识，童庆炳对此不予认同；他认为，恰恰是因为目前大多数学生初中毕业后不一定有继续学习的机会，才更应该让他们了解中国传统文化的精华。

童庆炳指出："当下，中国仍然是一个发展中的国家，我们的青少年中的绝大多数只能接受九年的义务教育。他们中的多数人在接受九年义务教育之后，就要走上工作岗位，回过头来再系统学习语文等课程的机会的人不会很多"；"按照常理一个现代中国公民应该知道的本民族的文化最重要的最突出的也是最基本的。例如，他们应该知道中国曾经有过一个诸子百家争鸣时期，知道中国古代文化中有儒家、道家和释家的区别，知道《周易》是什么？知道《仪礼》是什么？应该知道风雅颂赋比兴，应该知道《诗经》和屈原和司马迁，应该知道中原文化与荆楚文化的区别，应该知道汉魏风骨和盛唐

①童庆炳：《语文教学与人的建设》，载《课程·教材·教法》1999年第5期。

之音，应该知道骈体文与古文的区别，应该知道古诗和律诗的区别，应该知道诗与词的区别，应该知道李白与杜甫，应该知道王维与李商隐，应该知道唐宋古文八大家，应该知道宋明理学，应该知道传奇和话本的区别，应该知道仕与隐的区别，应该知道‘四大传奇’，应该知道曹雪芹和他的《红楼梦》，应该知道现代的鲁迅、郭沫若、胡适、茅盾、朱自清、梁实秋、林语堂、巴金、老舍、曹禺等等”。总之，基础语文教育应该“着重把中华民族五千年（包括现代）的最基本的精神文化的经典，纳入语文教材中，对整个义务教育阶段的教材内容作出整体的有机的安排。……必须保证我们有限的教材能给予学生最经典的最基本的最必要的东西。并通过教学改变目前初中毕业生仍胸无点墨的状况，使我们的后一代真正地具备起码的语文素养”。童庆炳所着想的，仍然是语文教育对“人的建设”所具有的特殊意义。

那么，童庆炳提出的语文教学与美育相结合的目标，是不是对培养文科人才有利，对培养理工科人则未必有利呢？童庆炳不同意这种看法。他说：“并非文科人才才需要感知力、情感力、想象力、理解力；一个人无论从事任何职业、任何专业，都需要上述‘四力’，因为说到底，感知力、感情力、想象力和理解力，是一切创造力的基础。换句话说，一个人只有在自己的感知、情感、想象、理解等各种心理机制处于活跃状态下，他的创造力才会爆发出来。无论任何部门的人们的创造力并非单纯来源于知识的多少，更重要的是人的本质力量的充分占有，即人的感知、感情、想象和理解等各种潜能的发挥与挖掘。”①对数学家来说，“不能在心灵上成为一个诗人，就不能成为一个数学家”（科瓦列夫斯基卡娅语）。对物理学家来说，同样也是如此。爱因斯坦说：“陀斯妥也夫斯基给予我的东西比任何科学家给予我的都要多。”童庆炳

①童庆炳：《语文教学与人的建设》，载《课程·教材·教法》1999年第5期。

认为,爱因斯坦的话是真实的,他强调理工科专家非常需要文学的情感与想象。

从中我们还可以看出,“文学派”与“语言派”的分歧,从根本上说,源于对语文教育本质与目标的不同理解,“语言派”认为语文只是一种工具;让学生掌握这种工具,是为培养对社会有“用”的人,而这“有用”的人,在特定年代中实际上也是工具。这就是说,语文教育中的“工具论”与一定时代对人的要求是一致的:当我们重视人的工具价值时,语文也自然被理解为“工具”了。而“文学派”则完全不同。他们认为,语文的本质在于其人文性,其目标在于培养有情感、有个性、有创造力的人,而不是工具。可以认为,童庆炳对“文学派”的主张做出了最全面也是最为深刻的阐述。

三、赓续传统

文言文教学是现代语文教育中的一个重要问题。童庆炳对这一问题有自己独特的见解。

许多语文教育研究者认为,中小学普及教育的根本目标应该是培养适应现代社会工作和生活需要的现代公民。具体到语文教育,他们认为学生迫切需要掌握的是应用现代语文的能力,因为这是一个生活在现代的中国人所必备的、最基本的生存技能之一。语文活动与人的生命活动密切相关,一个生活在现代的中国人,所应具备的基本语文素养应是理解和掌握现代文或白话文。因而他们主张减少语文课本中的文言文。童庆炳的看法正好相反。他主张加重文言文在语文教学中的位置,而减少现代白话文教学。因为,语文教育是传承中国古代文化的一个重要载体,同时,“现代汉语从根本上是来源于古代汉语,古代汉语是现代汉语的源头,源头找到了,现代汉语的形态也就容易理解了”。而且,“现代汉语可以日常生活中学,跟父母相处中学,跟朋友相处中学,在看电影、电视中学,在商店里学,在学校组织的活动中学,无需过多地在语文课中学”。因此,“把语文课堂主要用来学习日常生活中学不到的古文是合理的”。童庆炳提出:“这里主要有一个谁先讲、谁后讲的问题,现在我们是先让小学生从读最简单的白话文开始语文教学,其实浪费了小学生潜在的能力。我认为应该倒过来,小学和初中阶段讲古文,或者至少三分之二的课文选用古文。”①

童庆炳的这种主张,源于他对“五四”以来语文教育的经验教训的深刻反思。他认为,从“五四”到今天的小学语文教材,“都低估了小学生起步时候的语文能力。开头的课文总是什么‘来,来,来,我们来上学’之类,写字训练也总是从‘人、手、口、刀、牛、羊’开始,实际上现在的小学生在入学之前已经有了一个幼儿园阶段,孩子们在幼儿园里已经学会了许多知识,也有了一定的语文能力。因此我们认为小学的语文教材起点要提高。不需要编那些太浅显的‘小猫叫、小狗跳’之类顺口溜。”童庆炳主张:“小学语文教材在选文方面应选择文学史上已经有定评的诸子散文、史传文、汉乐府、汉魏古诗、唐诗、宋词、元曲、明清小说、笔记小说、游记等,并利用儿童的记忆能力最好的时期,背诵一些简短的名篇、名段、名句。就是所选的现代作品,也必须是经过历史检验的在文学史上有地位的经典作品。”

让小学生学习文言文,学习诸子散文、史传文、汉乐府、汉魏古诗、唐诗、宋词,是不是太难了呢?对此,童庆炳这样解释:“这样做学生可能会反映太难了,或者真的不可能全部理解课文的意义,但是这没有关系。正如前面所

---

①童庆炳、邵滢:《中学语文教学的目标定位——童庆炳教授访谈录》,载《语文教学与研究》2003年第9期。

说，日后随着他们的成长和阅历的增加，他们肯定会以生活实践去理解，这样过去对他们似乎是‘铜’的东西，日后都将变成精神上的‘银’，其中一部分又将成为精神的‘金’。”也就是说，所谓文言文难学与否，主要是看怎样学。如果要求小学生对所学的文言文都必须“理解”，这当然是很难的，甚至是做不到的。但是，可以选编古代优秀的、经典的作品，让儿童先背诵下来，而这些对他们日后的精神成长的价值，是那种“小猫叫、小狗跳”之类的顺口溜所完全无法相比的。事实上，许多人都讲过，自己儿时虽然不喜欢这些“难懂”的学习内容，但这些作品对他们后来的发展有重要的意义。如现代诗人、学者冯至谈到他背诵《论语》《诗经》的经历，说：“我在幼年时背诵过一部《论语》，半部《诗经》，当时的确很痛苦，在那些费解的字句里消磨了我许多美好的童年，可是成年后，渐渐了解其中的意义，也像吃橄榄一般，苦后有余甘，如今我并不后悔在儿时读了那一部半书。”①

而且，所谓儿童时期对“难懂”的文言文不能理解，这也是相对而言的。实际上，古代人并不觉得文言文难学，甚至到了上个世纪前期，学习文言文也并不是很难。文艺理论家黄药眠先生也是上高等小学时，熟读并背诵了《滕王阁序》《进学解》《赤壁赋》。敏泽回忆童年所受的教育时说，他从五岁进入私塾，学了五年。进入私塾之后，首先要学的是《百家姓》和《千字文》，待这两种蒙童读物读烂、背熟之后，接着就进入了《四书》《五经》的学习。依次为《论语》《孟子》《中庸》《大学》《诗经》《尚书》。对于古书的学习都是要求从头至尾背得烂熟之后，才可以丢掉不读，开始一种新古书的诵读的。有些书，如《古文观止》之类，由于学习时间较晚一些，理解能力有所提高，再加上它所选录的记述文、论说文等，大都写得很生动、形象，读起来也津津有

①冯至著：《冯至选集》第2册，四川文艺出版社1985年版，第110页。

味，令人回味无穷。至于一些抒情性散文，如韩愈的《祭十二郎文》、李密的《陈情表》之类，读来更是令人回肠荡气，兴致盎然，其乐无穷。这就是说，敏泽在十岁左右阅读了《祭十二郎文》《陈情表》，并且能够有所感受。傅更生曾说过："在清末民初，五六岁才识字上小学的，到十岁左右，资质不太差的，就可以写文言短篇，大致通顺，文言文的文法、气势、格调、体裁，都是有轨路可循的，得其门而入，并不是骇人的难事。"①先让儿童把文言文背诵下来，随着儿童自身智力的发展、阅历的增加，他便能逐渐地理解、消化它们。因此，文言文的学习并不是什么难事。

在20世纪末语文教育改革的大讨论中，许多人对当时通行的语文教材提出尖锐的批评。为推进语文教育改革，语文教材的重新编写是非常重要的。对此，童庆炳说："教材就像个路线图，教材要是编写得好了，按照这个路线走下去，老师和学生就会是很有意义地，很实际地，很有效地对话。"②

语文教材建设，除选文外，体例也是重要的问题。长期以来，人民教育出版社的教材是按文体编排的。大致是，首先把所选课文分为文章与文学两类，文章分为记叙文、议论文、说明文，文学则分为诗歌、小说、散文、戏剧四种。2001年前后，教育部编写和发布了中小学语文教材新课标，提出了以培养学生的"语文素养"为核心的教学新理念，使语文教材的编写走上了一个新阶段。目前，国内出现了人民教育出版社、语文出版社、江苏教育出版社、北京师范大学出版社、语文出版社等单位出版的多种语文教材。这些教材不约而同地以"生活"或"价值"为纲目组成单元，力图使语文教材生活化，也注意加强人文精神和伦理道德的教育。

---

①参阅傅更生：《国文教学识小》，载《语文月刊》第84期。

②桑哲：《语文教学：语言和文学的互动——访著名文学理论家童庆炳》，载《现代语文》2004年第5期。

关于教材编写体例,童庆炳也有独到的看法。他既不认同按文体编排的方式,也不满意按主题单元编排的做法。在童庆炳看来,生活无限宽广,中小学的语文教材的主题单元如何能穷尽它呢?或者说,某些生活不重要,可以略去,但你怎么知道这一方面的生活就不重要呢?现实的发展可能证明这一生活主题是更为重要的。第二,更值得考虑的是,把多义性的、蕴含丰富的文学作品,纳入到某一生活主题单元中,无疑就限制了文学作品自身的多义性和丰富的蕴含性,同时也可能限制了教师和学生对课文的不同的解读,丧失了文学的想象的空间。

童庆炳认为,语文改革从现在开始才真正地起步。我们可以开始做的事情有:"1. 就语文教改展开讨论,逐步形成共识;2. 新编一套适合于教学目标的教材,逐步推广使用;3. 取消弊多利少的'语文教学参考资料';4. 开始逐步轮训教师,逐步提高教师水平,并补充新生力量;5. 从现在起开始改革语文的高考试题。我建议简化试题样式,去掉繁琐的东西,例如全部卷纸只有三道作文题,写一篇抒情文,一篇叙事文,一篇论说文。"他希望一个新的以"人的建设"为旨趣的中学语文教学改革的尝试,在新的世纪得以生根、开花和结果①。

2003 年,童庆炳主持编写普通高中课程标准高中语文实验教科书,他采取的是从文学史角度按文体编排单元的独特方式,即将必修课分为"先秦魏晋南北朝模块""唐宋模块""元明清近代模块""现代模块"和"当代模块",同时在每个模块内又大致按文体划分单元。这种方式,突出了文学的历史线索,而在单元提示中对每一时期同一文体的内容、特点和背景作集中介绍,从而避免了以往语文教材将一时期的同一文体分散编排所造成的时代

---

①童庆炳:《语文教学与人的建设》,载《课程·教材·教法》1999 年第 5 期。

背景、文体特点的大量重复介绍。这样，学生对某一时期作品容易产生鲜明的印象并有较深入的理论、较深刻的理解，能更好地领会和思考时代精神与文学的关系。同时，语言是随着时代的变化而变化的，不同时段的语言有不同特色。这也有利于学生去体会不同时期文学语言的特色。童庆炳主编的高中语文教材因体现出文学发展的历史感，而成为各家出版社语文教材中最具特色的一部，它是可以让学生“感到非常亲切”并提高学生“欣赏的兴趣”的。可惜的是，受非学术性因素干扰，这套教材正式出版时被“整改”得面目全非。作为中国语文教育改革的直接参与者之一，童庆炳可谓是甘苦自知，但他仍矢志不移，时刻关注着语文教学改革的进程。

结 语

陈寅恪先生有云:“其真能于思想上自成系统,有所创获者,必须一方面吸收输入外来之学说,一方面不忘本来民族之地位。这二种相反而适相成之态度,乃道教之真精神,新儒家之旧途径,而二千年吾民族与他民族思想接触史之所昭示者也。”①这一论断对于理解童庆炳全方位开放的理论格局以及与时俱进的学术品格,颇有启发意义。

从20世纪70年代末到21世纪初,中国文艺理论研究历经了由“审美论”到“主体论”,又到“语言论”,再到“文化论”的四次转向。在这30余年不平凡的发展轨迹中,作为中国当代“文艺学的拓荒者”之一,童庆炳的学术研究主要涉及以下领域:(1)审美诗学,(2)心理诗学,(3)文体诗学,(4)比较诗学,(5)文化诗学,(6)中国文学理论教材建设,(7)中国语文教育,等等。童庆炳的学术生涯绵延至今,笔耕不辍;他从不画地为牢、故步自封、裹

①陈寅恪著:《金明馆丛稿二编》,上海古籍出版社1980年版,第252页。

足不前，也不屑于生吞活剥外来理论，而是从民族文化的本位需要出发，在中西诸多学科会通式的融合改造中，自创新说，而成一家之言。童庆炳改造、吸收现代西方各种学说并与中国文艺实践相结合的历程，也是不断汲取、融合中国古代文论、文化资源并对它们作现代转化的历程，更是伴随着民族国家命运的沉浮而艰难探索、曲折前进的历程。童庆炳提出的原创性理论主要有：(1)文学“审美特征”说，(2)心理美学的“体验”说，(3)文学活动“二中介”说，(4)“历史--人文”张力说，(5)古代文论“现代转化”说，(6)“文体三层面”说，(7)“内容形式相互征服”说，(8)历史题材文学“五维度”说，(9)中国的“文化诗学”说，等等。

综观童庆炳的学术著作，我们发现，童庆炳的诸多开拓性研究与论说，始终与新时期以来中国文艺学的发展同步，呈现为一种累积式的研究进路；其中，有一个永恒的“主题”贯穿始终，那就是“审美”。回顾自己数十年的学术生涯，童庆炳说：

我从马克思《1844年经济学—哲学手稿》中的“人化的自然”“人是按照美的规律来创造”的观点，从马克思《〈政治经济学批判〉导言》中的对世界的“艺术的”“掌握”的观点，从恩格斯的“美学观点和历史观

> 点”来衡量作品以及作家对生活进行“诗意的裁判”的观点,从中国古代道家的文学观点,从西方现代的文艺美学观点,特别是从苏联50年代后期开始形成的“审美学派”的观点,受到启发,并开始了自己的关于“文学审美特性”论的学术跋涉的。①

“审美”不仅是童庆炳文艺学研究的切入点,也是童庆炳各种诗学理论体系建构的“阿基米德点”。换言之,“审美”是童庆炳学术研究自始至终坚持的主视角,其诸多创获都是“文学审美特征论”命题的全面展开与具体化。李春青曾将童庆炳的这种“审美诉求”概括为一代学人的“审美乌托邦精神”,并非常精辟地指出,对他们来说“以审美为指归的纯文学乃是人类精神之梦,是自由驻足之所,是异化社会中人性价值的最后领地。因此维护文学的审美品格就绝不仅仅是个学术问题,而且是人文知识分子的社会责任与历史使命问题,是他们的存在意义之所在。放弃文学理论的研究模式,即等于放弃自己毕生追求的价值理想,放弃自己的社会责任”②。

马克思说过:“不仅探讨的结果应当是合乎真理的,而且引向结果的途径也应当是合乎真理的。真理探讨本身应当是合乎真理的,合乎真理的探讨就是扩展了的真理。”③在谈到如何对待马克思主义时,恩格斯说:“马克思的整个世界观不是教义,而是方法。它提供的不是现成的教条,而是进一步研究的出发点和供这种研究使用的方法。”④按照黑格尔的说法,方法是“对象的原则和灵魂”。所得出的结论固然重要,导向结论的方法也许更为重

---

①童庆炳著:《文学审美特征论》“自序”,华中师范大学出版社2000年版,第1—2页。

②李春青:《关于“文学理论边界”之争的多维解读》,载《文学评论》2005年第1期。

③[德]马克思、恩格斯著:《马克思恩格斯全集》第1卷,人民出版社1956年版,第8页。

④[德]马克思、恩格斯著:《马克思恩格斯全集》第39卷,人民出版社1974年版,第406页。

要。这对于我们如何更好地理解与把握童庆炳的学术历程极有启发。科学的方法可以帮助人们去揭示事物固有的规律,去发现新的真理。

作为"中国审美学派"①的核心代表人物之一,童庆炳所创构的上述诸多诗学理论,有着极其鲜明的特征,如,综合性思想与跨学科方法的合一,历史意识与当代视野的融汇,理论体系性与问题当下性的统一,宏观建构与微观剖析的结合,以及理论延承与开拓创新的同一,等等。这主要得益于科学的研究方法,如,以动态研究为主的"系统论"研究,以正—反—合论证为主要特征的"亦此亦彼"研究,以及中西互证、古今沟通的"对话"式研究②,等等。20世纪以来,先后出现了结构主义、格式塔心理学和一般系统论,等等。这些学科有不同的研究对象,在方法论上却惊人地一致:反对元素论,即以分解、还原和抽象为原则的简单化方法,力主整体论。从元素论到整体论是学术研究从古典化到现代化的一次重大飞跃。创造了现代人观察与把握文艺世界的新方法、新模式。童庆炳探究文学本质特征等问题时,就汲取了这些现代思潮的精髓,将自己的研究对象放到一个整体的、动态的、开放的过程中去加以体认和深究,追问美之如何产生和如何表现。如,文学审美特征论、"文体三层面"说、历史题材文学"五维度"说以及中国的"文化诗学"说等,都是以系统论、整体观为指导原则提出的。

长期以来,人们一直以为唯物辩证法的核心是对立统一规律,即"一分为二"。其实,唯物辩证法的核心应是"一分为三",即"亦此亦彼"。恩格斯在《自然辩证法》中写道:"一切差异都在中间阶段融合,一切对立都经过中

---

①参阅吴子林:《"中国审美学派"论纲——以钱中文、童庆炳、王元骧为研究中心》,载《中国社会科学院研究生院学报》2009年第5期。

②可参阅赵炎秋、杨晓青:《童庆炳文艺研究方法试探》,见李春青编:《手握青苹果——童庆炳教授七十华诞学术纪念集》,广西师范大学出版社2005年版,第155—165页。

间环节而互相过渡，对自然观的这种发展阶段来说，旧的形而上学的思维方法就不再够了。辩证法不知道什么绝对分明和固定不变的界限，不知道什么无条件的普遍有效的'非此即彼'，它使固定的形而上学的差异互相过渡，除了'非此即彼'，又在适当的地方承认'亦此亦彼'，并且通过中介连接对立；辩证法是唯一的、最高度地适合于自然观的这一发展阶段的思维方法。"①我国古代也有三点论。《老子》第42章云："道生一，一生二，二生三，三生万物。万物负阴而抱阳，冲气以为和。"明代"合二而一"论的创始人方以智也说过："三即一，一即三，非三非一，恒三恒一"；"恒三而一，恒一而三，全矣。"②"中介"不仅是事物联系的中间环节、事物发展的过渡阶段、事物质变的转化条件，而且还是事物相互区分的界碑，事物相互作用的传递者，事物相互沟通的桥梁。

童庆炳对于唯物辩证法谙熟于心，而在"亦此亦彼"的理论思辨过程中，通过细致深入的研究，发现了诸多文学的作为第三者的"中介"：它们有的是一个实体，可以与第一者、第二者相提并论（如，"语体"是"体裁"与"风格"之间的中介）；有的可以与第一者、第二者相提并论，但不属于实体范畴（如，文学经由"审美"中介反映生活，以"实践"为中介构成"审美意识形态"等）；有的属于实体范畴，但它是第一者、第二者相互作用或相互渗透，或相互补充，或相互综合的结果（如，具有"历史—人文"张力的文学艺术）；有的并不完全是一个实体，而仅仅是第一者、第二者的结合点，或转化点，或关节点（如，文学艺术活动的"二中介"——社会心理和艺术文体，"内容与形式相互征服"的中介——题材，等）。正是运用系统论、整体观与三维综合观等"复

①［德］马克思、恩格斯著：《马克思恩格斯选集》第3卷，人民出版社1972年版，第535页。
②庞朴著：《东西均注释》，中华书局2000年版，第37页，第143页。

杂性思维”，在一种巨大的“张力”之中，研究广延性极大的文学世界之“复杂系统”，童庆炳才有了上述诸多独具慧眼、别具一格的原创性诗学理论创造，使中国当代的文艺学发展为法国当代著名的哲学家埃德加·莫兰所谓的“复杂性科学”，一种“创造性”极强的学问。

要而言之，童庆炳创构的诸多诗学理论深深扎根于中国历史与现实土壤，是充分体现了时代要求的总体性理论，其理论陈述的合理性与科学性有目共睹，因此得到了学术界的普遍认可，而给予我国文艺理论界以持续的思想冲击和方法启迪。

数十年来，童庆炳许多原创性论说“绵延”至今，并已内化到中国当代形态文艺理论的生成机制与体系创构，为独具中国特色的文艺理论建设，做出了常人所难以企及的卓越贡献。在指导当代文艺创作与批评实践，有效参与中国现代文化的建设等方面，童庆炳的诗学理论及其学术思想仍将发挥重要的作用。

童庆炳先生年谱简编

1936 年(1 岁)

生于福建省连城县莒溪镇莒市村。

1943 年至 1949 年(8 岁至 14 岁)

莒溪小学学习。

1951 年至 1952 年(16 岁至 17 岁)

福建省连城第一中学初中学习。

1952 年至 1955 年(17 岁至 20 岁)

福建省龙岩师范学校学习,毕业后保送报考北京师范大学;同年 7 月 5 日光荣加入中国共产党。

1955 年至 1958 年(20 岁至 23 岁)

北京师范大学中文系学习,本科毕业后留校任助教。

1963 年至 1965 年(28 岁至 30 岁)

发表《论高鹗续“红楼梦”的功过》。

被派往越南河内师范大学中文系任教。

1967 年至 1970 年(32 岁至 35 岁)

被派往阿尔巴尼亚地拉那大学历史语言系任专家。

1978 年至 1979 年(43 岁至 44 岁)

任北师大中文系副主任;发表《略论形象思维的基本特征》《再论形象思

维的基本特征》。被评为北京师范大学中文系讲师。

1980 年(45 岁)

发表《曹雪芹的艺术观》。

1981 年(46 岁)

发表《评当前文学批评中的“席勒化”倾向》《关于文学特征问题的思考》,提出文学审美特征论;出版与曾恬合著的长篇小说《生活之帆》。

1982 年(47 岁)

被评为北京师范大学中文系副教授。

1983 年(48 岁)

发表《现实主义——文学的康庄大道》,受教育部委托合作编写《高等师范院校文学概论教学大纲》;出版编著《文学理论学习参考资料》。

1984 年(49 岁)

开始招收文艺学博士生,童庆炳被指定为副导师,以协助黄药眠教授指导博士研究生。参与中央组织部组织的自学高考工作,编写出版了《文学概论》;同年,在北京电视台主讲《文学概论》。任北师大研究生院常务副院长。

1985 年(50 岁)

出版与钟子翱等合编的《文学概论》,该书被指定为北京市自学考试用书,获北京市劳动模范称号。

1986 年(51 岁)

被北京师范大学评定为教授,获国家社科基金“七五”重点项目“文艺心理美学研究(文艺心理学)”。

1987 年(52 岁)

发表《把审美作为文学理论的家园》《论文学的结构原理及其审美心理学的根据》《文学的“向内转”与艺术创作规律》《心理距离与艺术欣赏》《虚静说与距离说》《论艺术想象的意向性和认识性》等文艺心理学的系列论文;

同年,黄药眠教授去世,童庆炳开始全面负责北师大文艺学学科建设。

1988 年(53 岁)

发表《论文学的格式塔质和审美本质》《文学研究的主视角》《从古典的“移情”说到现代的“异质同构”说》《论审美知觉的形成过程》等。出版第二部长篇小说《淡紫色的霞光》。

1989 年(54 岁)

开始为《文史知识》杂志撰写专栏文章,1992 年由中华书局结集为《中国古代心理诗学与美学》;出版专著《文学活动的美学阐释》。

1990 年(55 岁)

主编全国自学考试教材《文学概论》;发表论文《美在内容与形式的交涉部》,提出“形式征服内容”的论说。

1991 年(56 岁)

出版专著《艺术创作与审美心理》,主编论文集《艺术与人类心理》,两部书是对于文艺心理学研究的一次总结。发表论文《论文学作品内容与形式的辩证矛盾》《艺术作品内容与形式辩证矛盾的心理学内涵》。与黄药眠先生共同主编的《中西比较诗学体系》出版。被国家评为博士生导师。

1992 年(57 岁)

出版高校教材《文学理论教程》。

1993 年(58 岁)

出版编著《现代心理美学》,合著《中国古代诗学的心理透视》。

1994 年(59 岁)

出版《文体与文体的创造》,发表《隐忧与人文关怀》,最早提出文化领域的“人文精神”问题。

1995 年(60 岁)

出版编著《文学理论要略》《文学创作与文学评论》。

1996 年(61 岁)

赴韩国汉城高丽大学任客员教授,发表《文学史的建构的主体性问题》《李贽的"童心"说与马斯洛的"第二次天真"说》《艺术趣味与社会心理》等。

1997 年(62 岁)

出版合著《文学艺术与社会心理》。

1998 年(63 岁)

发表《中国当代文论建设:对话与整合》《人文关怀与历史理性的缺失——"新现实主义"小说的再评价》(与陶东风合撰)。

1999 年(64 岁)

发表一系列"龙学"论文,提出"文化诗学"的理论构想。

2000 年(65 岁)

出版《文学审美特征论》和散文随笔集《苦日子 甜日子》,发表《审美意识形态论的再认识》等;北师大文艺学研究中心成立,任中心主任。随后,北师大文艺学研究中心被评为教育部人文社会研究重点研究基地,出任基地主任;同年 7 月至 2001 年 7 月,任新加坡南洋理工大学中华语言文化中心研究员。

2001 年(66 岁)

出版专著《维纳斯的腰带——创作美学》《中国古代文论的现代意义》《童庆炳文学五说》;出版教材《文学活动的审美维度》《文艺心理学教程》《马克思与现代美学》;"文化诗学"的理论构想趋于成熟。

2002 年(67 岁)

出版《现代学术视野中的中华古代文论》,发表《中华古代文论研究的现代视野》《再论中华古代文论的现代视野》《中国当代文学的精神价值取向》等;以童庆炳为学科带头人的北师大文艺学学科被评为国家级重点学科。

2003 年(68 岁)

发表《当代中国文化和文学:在民族性和开放性之间》《中国文学理论现

代性转型的标志与维度》《三论中华古代文论的现代视野》《文艺学创新:以20世纪中国现代传统为起点》《毛泽东美学思想三题》等。

2004年(69岁)

被指定为中央马克思主义理论研究与建设工程首席专家(第一负责人),主持《文学理论》编写,此项目被列为国家社科基金重大项目。出版《文学理论教程》(修订二版)、《二十世纪中国文论经典》,发表《历史题材创作三向度》,发起并参与"文艺学边界问题"的讨论;获教育部招标重大课题"历史题材文学创作中的重大问题";秋,随中国文科资深学者代表团访问俄国、印度和朝鲜。被评为"全国模范教师"、北京市"劳动模范"。

2005年(70岁)

出版《现代诗学十讲》《童庆炳文集》(四卷本,韩国新星出版社出版)。

2006年(71岁)

春,赴台湾参加国学问题研讨会;秋,再次随中国文科资深代表团赴西班牙、巴西、阿根廷和法国访问。发表《〈左传〉叙事艺术论略》《试论中国古代文论的价值根据》等。

2007年(72岁)

出版《美学与当代文化讲演录》《在历史与人文之间徘徊:童庆炳文学专题论集》。被北京师范大学评定为第一批资深教授(终身教授)。

2008年(73岁)

出版《文学理论教程》(第四版)、《童庆炳谈文心雕龙》《童庆炳谈文学观念》《童庆炳谈文体创造》《童庆炳谈审美心理》《童庆炳谈古典诗学》。

2009年(74岁)

发表论文《获取真义与焕发新义——略论中国古代文论研究方法论问题》《再谈历史文学中封建帝王的评价问题》《反本质主义与当代文学理论的建设》等;《维纳斯的腰带——创作美学》列入人民大学出版社"中国人文大

系”丛书再版，主持编纂的马克思主义理论研究和建设工程重点教材《文学理论》正式出版。

2010年(75岁)

出版《文学理论新编》(第三版)，《寻找文学理想的灯火》(2010年10月15日《文艺报》)获2010年度“中国作家出版集团奖”的“理论批评奖”。

2011年(76岁)

出版《文学审美论的自觉——文学特征问题新探索》《新编文学理论》和《历史题材文学创作重大问题研究》。

2012年(77岁)

出版编著《20世纪中国马克思主义文艺理论研究》。

2013年(78岁)

出版学术随笔《风雨相随——在文学山川间跋涉》。

2014年(79岁)

出版《从审美诗学到文化诗学——童庆炳自选集》。

2015年(80岁)

出版《文化诗学的理论与实践》《当代中国文学理论的经验、困局与出路》《审美及其生成机制新探》《旧梦与远山》(散文集)《文化诗学:理论与实践》等。

6月14日18:18心脏病突发，不幸去世。

参考文献

一、专著类（以出版先后为序，下同）

童庆炳著:《文学概论》(上、下),红旗出版社 1984 年版。

童庆炳著:《文学活动的美学阐释》,陕西人民出版社 1989 年版。

童庆炳著:《艺术创作与审美心理》,百花文艺出版社 1992 年版。

童庆炳著:《中国古代心理诗学与美学》,中华书局 1992 年版。

童庆炳著:《文体与文体的创造》,云南人民出版社 1994 年版。

童庆炳著:《文学审美特征论》,华中师范大学出版社 2000 年版。

童庆炳著:《童庆炳文学五说》,时代文艺出版社 2001 年版。

童庆炳著:《文学活动的审美维度》,高等教育出版社 2001 年版。

童庆炳著:《中国古代文论的现代意义》,北京师范大学出版社 2001 年版。

童庆炳著:《维纳斯的腰带——创作美学》,上海文艺出版社 2001 年版。

童庆炳著:《现代诗学问题十讲》,中国海洋大学出版社 2005 年版。

童庆炳著:《美学与当代文化讲演录》,广西师范大学出版社 2007 年版。

童庆炳著:《在历史与人文之间徘徊:童庆炳文学专题论集》,北京师范大学出版社 2007 年版。

童庆炳著:《童庆炳谈〈文心雕龙〉》,河南大学出版社 2008 年版。

童庆炳著:《童庆炳谈文学观念》,河南大学出版社 2008 年版。

童庆炳著:《童庆炳谈文体创造》,河南大学出版社 2008 年版。

童庆炳著:《童庆炳谈审美心理》,河南大学出版社 2008 年版。

童庆炳著:《童庆炳谈古典诗学》,河南大学出版社 2008 年版。

童庆炳著:《中华古代文论的现代阐释》,中国人民大学出版社 2010 版。

童庆炳著:《文学审美论的自觉——文学特征问题新探索》,北京师范大学出版社 2011 年版。

童庆炳著:《从审美诗学到文化诗学——童庆炳自选集》,首都师范大学出版社 2014 年版。

童庆炳著:《文化诗学的理论与实践》,湖南人民出版社 2015 年版。

童庆炳著:《中国当代文学理论的经验、困局与出路》,北京师范大学出版社 2015 年版。

童庆炳著:《审美及其生成机制新探》,福建人民出版社 2015 年版。

童庆炳著:《文化诗学:理论与实践》,北京大学出版社 2015 年版。

童庆炳著:《童庆炳文集》(10 卷),北京师范大学出版社 2015 年版。

童庆炳著:《文学:精神之鼎与诗意家园》,复旦大学出版社 2016 年版。

二、合著类

童庆炳等著:《中国古代诗学心理透视》,百花文艺出版社 1993 年版。

童庆炳等著:《文学艺术与社会心理》,高等教育出版社 1997 年版。

童庆炳等著:《马克思与当代美学》,高等教育出版社 2001 年版。

童庆炳等著:《现代学术视野中的中华古代文论》,北京出版社 2002 年版。

童庆炳等著:《中国现代文学理论价值观的演变》,北京大学出版社 2005

年版。

童庆炳等著:《历史题材文学创作重大问题研究》,经济科学出版社 2011 年版。

三、编著类

童庆炳主编:《文学理论学习参考资料》(上、下),北京师范大学出版社 1983 年版。

童庆炳主编:《文学理论导引》,高等教育出版社 1988 年版。

童庆炳主编:《文学概论》,武汉大学出版社 1990 年版。

童庆炳主编:《艺术与人类心理》,北京十月文艺出版社 1990 年版。

黄药眠、童庆炳主编:《中西比较诗学体系》(上、下),人民文学出版社 1991 年版。

童庆炳主编:《文学理论教程》,北京师范大学出版社 1992 年版。

童庆炳主编:《现代心理美学》,中国社会科学出版社 1993 年版。

童庆炳主编:《文学概论新编》,北京师范大学出版社 1995 年版。

童庆炳主编:《文学理论要略》,人民文学出版社 1995 年版。

童庆炳主编:《文学理论教程》(修订版),高等教育出版社 1999 年版。

童庆炳主编:《文学理论教程(修订版)教学参考书》,高等教育出版社 1999 年版。

童庆炳主编:《文艺心理学教程》,高等教育出版社 2001 年版。

童庆炳主编:《文学理论教程》(修订二版),高等教育出版社 2004 年版。

童庆炳主编:《文学理论学习参考资料新编》(上、中、下),北京师范大学出版社 2005 年版。

童庆炳主编:《文学理论新编》(修订版),北京师范大学出版社 2005

年版。
童庆炳、陶东风主编:《文学经典的建构、解构和重构》,北京大学出版社2007年版。
童庆炳主编:《文学理论教程》(修订三版),高等教育出版社2008年版。
童庆炳主编:《普通高中课程标准实验教科书·高中语文》(必修、选修),北京师范大学出版社2009年版。
童庆炳主编:《文学理论新编》(第三版),北京师范大学出版社2010年版。
童庆炳主编:《新编文学理论》,中国人民大学出版社2011年版。
童庆炳主编:《20世纪中国马克思主义文艺理论研究》,北京大学出版社2012年版。
童庆炳主编:《文学理论教程》(修订四版),高等教育出版社2015年版。
童庆炳主编:"现代心理美学丛书"(15部),百花文艺出版社1992年版;"文体学丛书"(5部),云南人民出版社1994年版;"文艺新视角丛书"(5部),云南人民出版社1994年版。
童庆炳等主编:"新时期文艺学建设丛书"(36部),华中师范大学出版社、暨南大学出版社等2004年版;"文艺学与文化研究丛书"(20余部),北京大学出版社2015年版。

四、文学创作类

童庆炳、曾恬著:《生活之帆》(中篇小说),人民文学出版社1981年版。
童庆炳著:《淡紫色的霞光》(长篇小说),上海文艺出版社1988年版。
童庆炳著:《苦日子　甜日子》(散文集),上海文艺出版社2000年版。
童庆炳著:《代价》(作品集),群众出版社2005年版。

童庆炳著:《风雨相随——在文学山川间跋涉》(学术随笔),北京师范大学出版社 2013 年版。

童庆炳著:《旧梦与远山》(散文随笔),北京大学出版社 2015 年版。

童庆炳著:《又见远山,又见远山》,高等教育出版社 2016 年版。

五、相关论著

杜书瀛、钱竞主编:《中国二十世纪文艺学学术史》,上海文艺出版社 2001 年版。

蒋述卓等著:《二十世纪中国古代文论学术研究史》,北京大学出版社 2005 年版。

李春青编:《手握青苹果——童庆炳教授七十华诞学术纪念集》,广西师范大学出版社 2005 年版。

曾繁仁主编:《中国新时期文艺学史论》,北京大学出版社 2008 年版。

朱立元等著:《马克思主义文艺理论中国化研究》,经济科学出版社 2009 年版。

后记　一夜醒来，就是新的一年

普利策小说奖得主裘帕·拉希莉说："每当翁达杰出新书，我的生活总是因此戛然而止。"

迈克尔·翁达杰是加拿大作家，代表作有《英国病人》《遥望》等。在他的笔下，一切都写得如诗如画，又如同沉默睿智的寓言，让人在细节中看见永恒，在永恒渴望中获得安宁。

半年多来，让我生活戛然而止的，是恩师的猝然别去；面对命运的虚空与深不可测，喧嚣停止；观望世间万事万物，俯瞰都市芸芸众生，醒悟苦难、荣耀包括死亡都是生命的一部分。

美国学者爱默生说得好："伟大的人并不是能改变物质的人，而是能改变我们心境的人。"

深夜，昏黄的光线漫溢开来，缓慢升腾起时间的尘埃；回视一点一点走过的路，无论是波澜不起的青年，还是略带沧桑的壮年，一种命运般的情感暗潮涌动——

1989 年，我被漳州师院录取，旋即知晓：童庆炳先生是我国文艺理论界的先锋，其光芒炫目的才情学识，洞透表象的逻辑力量，自铸伟辞的学术创见，独步学林。

1999 年，先生不拘一格地录取学识谫陋的我，不时耳提面命，悉心调教；

博士论文顺利完成，令我脱胎换骨，打开生命的另一重天地，从此潜心向学，精耕细作。

2009 年，我开始撰写先生学术思想评传，反复调整写作思路，不断完善逻辑结构，四易其稿；书成，先生有云："毕竟同乡，毕竟师生，毕竟朋友。"闻之，惶恐且感动。

十六年了，我义无反顾地跟随先生，就像格林童话中孩子在洞穴里跟随着哈穆林的吹笛人。

徜徉在美的王国，先生自己在寻找，也让我自己去寻找。

先生说："写文章不能东一榔头西一棒子，一定要沉下心来，找准自己的方向；若能多写些他人无法写出的文章，将自己的才华完全展现出来，你就成功了！"

一股新鲜、强大的气流横穿全身，我终于明白何谓"敬惜文字"。

现实世界几乎都裹挟于名利、地位乃至交易，先生始终秉持发自内心的真挚、深邃与勇气，静静聆听世界运转的声响，在联结过去与未来的精神世界，虔诚劳作，直达精神本源。

先生一生历经无数磨难，深刻理解人性最恒久、最普遍之处；对先生而言，生命只能燃烧，不愿虚耗。他无畏地探寻艺术之美，铸造精神之鼎，学术钟摆永不停息。正是心灵的丰富锤炼，折射出了生命的宽广遒劲。

晚年，先生体味着生命的丰饶与短暂，深知世事没有永远，不朽并非唯一的安魂曲。先生预感生命火焰即将黯淡，希望学生弥补、超越自己；同时，安排、计划未来的日子，精神十足地将每一天当最后一天狠狠地活！

生命由于创造获得了尊严与价值，先生活得抑扬顿挫；其蓬勃生命诠释着人生的起承转合，成就一段传奇。细读先生著述，走入先生的内心世界，我领略到学术的激情与神圣。

“一切神圣事物都应有其位置”，列维·施特劳斯在《野性的思维》一书里写道：“在万年之前，它们就被证实，并将永远作为我们文明的基础。”

置身倒退的年代，我曾陷于生命低谷的黑暗，感觉一切都是外在而毫无意义；凝望生命的哀艳与无常，世界纷繁复杂，苍茫虚空，神秘莫测的面貌令我困惑，几欲止步不前……

为了领略沙漠最美的风景，看看传说中的海市蜃楼，一个年轻人深入到沙漠的腹地；狂风大作，丢失了全部行李，迷失了行进方向。慌乱中，发现口袋里一个青苹果，闻了闻，清香无比；握着这青苹果，朝着一个方向走去。过了一天，没能走出沙漠，他闻了闻青苹果，没有失望；又过了一天，还是没能走出沙漠，再次闻了闻青苹果，仍然不失望；第三天的黄昏时分，满眼的绿树红花，惊心动魄地绽放，他终于走出了沙漠！望了望手中的青苹果，已然变色，几乎没了水分。他小心翼翼地把它珍藏了起来……

先生说：“我的一生有许多机会和理由让我不再往前走，徘徊在人生的沙漠中，饿死，渴死，累死，痛苦而死，自杀而死，但我没有死，而手握青苹果，一步步走出人生的沙漠。”

先生轻轻诉说，我瞬息顿悟：没有丧失，没有承受煎熬的勇气，也就没有回归的欣喜，生命的润泽与丰富。

先生不仅改变我的人生轨迹，还赐予我理想、信念和勇气，点燃我的心灵之火，使我坚信精神的恒久力量。

无数的日日夜夜，我一直怀想先生那清澈如水的透亮双眸，眼前总是不时浮现金山岭长城上先生的遗照——

一个攀至顶峰的旅人，在阳光下舒展双臂，听耳际山风低吟，望眼前山河壮阔，赤子之心轻盈如泉脉动；此刻，生命还原到最为朴素的状态，这是真正的自由自在！时间闪回，空间折叠，永恒的气息迎面而来，在风中遗留着人与大地的神秘感应。

在欲望与生命力蠢动的世界，我们的灵魂与抱负，我们的血肉与信仰，如今安在？

告别总是泪光点点。先生那明察秋毫的眼睛，此刻，还在注视着跋涉中的我们吗？

料峭如割的冬夜，摩挲评传样书，痴痴遐想一些若有若无的问题，有些释然，有些坦然。

四季更迭，生命流转；天地高远，风卷云舒；一切终会过去，一切又会开始，生生不已。

一夜醒来，就是新的一年。凭窗远眺，朦胧雾霾中，广漠天地间，又见远山，又见远山！

吴子林

2015 年 12 月 31 日 23:19 初稿

2016 年 01 月 01 日 09:06 定稿